Au cœur du Chan

Collection Voyageurs immobiles
dirigée par Daniel Odier

Dans la même collection :

Les Pèlerins bouddhistes, de la Chine aux Indes, présenté par André Lévy.
Tantra, l'initiation d'un occidental à l'amour absolu, Daniel Odier.
Sur les traces de Siddharta, Thich Nhat Hanh.
Bouddha vivant, Christ vivant, Thich Nhat Hanh.
La Chamane blanche, l'initiation d'une psychiatre à la médecine traditionnelle des âmes, Olga Kharitidi.

DENNIS GENPO MERZEL

Au cœur du Chan

Traduit de l'américain
par Joséphine Van den Bossche

JC Lattès

« Le but suprême du voyageur est de ne plus savoir ce qu'il contemple. Chaque être, chaque chose est occasion de voyage, de contemplation. »

Lie t'seu

Titre original :
THE EYE NEVER SLEEPS
publié par
Shambhala Publications, Inc.

A Taizan Maezumi Roshi
Avec ma profonde gratitude pour son enseignement de tous les instants et sa patience, et à Brenda Hobai Liu avec mes remerciements pour tant d'années d'amour et de soutien.

« Si l'œil ne dort pas,
Les rêves s'évanouissent naturellement.
Si l'esprit ne fait pas de différences,
alors les dix mille choses sont comme elles sont, d'une essence unique.
Comprendre le mystère de cette Essence Une c'est être libéré de tous les enchevêtrements. »

Seng t'san, Troisième Patriarche (Sosan Zenji).

Préface de l'éditeur

Ces quatorze exposés sur le Dharma qui commentent le poème chan chinois *Hsin hsin ming* ont été donnés lors de *sesshins* (retraite de méditation silencieuse) en Hollande et en Angleterre par Genpo Roshi pendant l'automne et l'hiver 1986. Les neuf premiers exposés ont été publiés dans deux numéros du *Kanzeon Journal* en 1987 et en 1988. À présent, la série complète est disponible sous forme de livre pour que d'autres personnes en dehors des disciples du Kanzéon puissent également bénéficier de l'enseignement clair et direct de Genpo Roshi.

Genpo Roshi donnait tous les jours un exposé sur le Dharma avant le déjeuner. Il commençait par lire quelques vers du poème traduit, puis il improvisait un exposé qui répondait aux besoins que les participants avaient ce jour-là en particulier. En lisant, vous pouvez imaginer que vous êtes assis avec Genpo Roshi comme un participant engagé dans la retraite, écoutant des paroles prononcées dans votre propre intérêt.

Comme ces exposés ne sont pas des discours érudits sur le *Hsin hsin ming*, le maître de Genpo Roshi, Hakuyu Taizan Maezumi Roshi, abbé du Centre Zen de

Los Angeles, a gracieusement offert une introduction qui expose le contexte de cet ancien texte chinois. La traduction de Richard B. Clarke, dans une version légèrement modifiée, a été utilisée tout au long de la version anglaise du livre (avec l'aimable autorisation de White Pine Press et du traducteur) et elle est imprimée en entier après le dernier exposé.

Alors que la plupart des termes du bouddhisme zen utilisés dans le texte sont brièvement expliqués là où ils apparaissent pour la première fois, un glossaire se trouve à la fin du livre pour aider le lecteur non-initié. En l'absence d'un terme du genre neutre qui puisse transmettre le sens à la fois de « guide estimé » et d'« ancêtre », le titre historique de *Patriarche* a été retenu.

Lors de la préparation des exposés pour la publication, mon intention était de transposer l'expression parlée du Bouddhadharma en une forme écrite qui soit compacte et lisible, et qui communique à la fois l'immédiateté et le pouvoir de la voix du maître. Cette tâche est accomplie lorsque le langage écrit fonctionne comme un canal clair et ouvert à travers lequel l'enseignement peut s'écouler librement, de sorte que le lecteur réceptif remarque à peine le texte lui-même.

Ma gratitude envers Genpo Roshi pour m'avoir confié la publication de ce livre est au-delà des mots. J'en assume l'entière responsabilité et je regrette toute distorsion de sens qui peut avoir eu lieu dans le processus de transmutation de la parole orale en parole écrite.

L'aide de Catherine Genno Pagès, Scott Daijo Springer, Hadea Munen Kriesberg, George Jisho Robertson, Monique Koren Vervecken, et beaucoup d'autres disciples du Kanzéon, a été indispensable à la création du manuscrit. Dans un sens très réel, l'énergie collective de toute personne affiliée à la Sangha du Kanzéon a nourri ce livre jusqu'à son achèvement.

Mes remerciements vont aussi à Bonnie Myotai Treace du Zen Mountain Monastery pour son encouragement et ses suggestions éditoriales.

Nous présentons ces exposés en témoignage de profonde gratitude à l'égard de Genpo Roshi pour son patient enseignement plein de compassion.

Stephen Muho Proskauer

Introduction au Hsin hsin ming

Le fameux *Hsin hsin ming* (jap : *Shin jin mei*) est connu comme le premier poème chan. Il se compose de 146 lignes de quatre mots, qui expriment directement et de façon frappante l'esprit du zen sous une forme simple et compacte. Une caractéristique exceptionnelle du poème est qu'il est écrit en chinois pur sans emprunter de termes bouddhiques sanskrits ou palis.

Les thèmes principaux exprimés dans le *Hsin hsin ming* proviennent du *Deux entrées et quatre actes*, une des rares écritures authentiques de Bodhidharma, le grand Patriarche chan indien, qui introduit le bouddhisme en Chine au sixième siècle. Les origines du travail de Bodhidharma remontent au *Vimalakirtinirdesa Sutra*, écrit à une époque antérieure au troisième siècle en Inde. Même si la paternité du *Hsin hsin ming* est traditionnellement attribuée au troisième Patriarche, Chien-chih Seng-ts'an (jap : Kanchi Sosan), les idiomes employés dans le poème ont poussé certains érudits à placer la date de sa composition à une époque ultérieure.

Nous avons peu d'information sur la vie du troisième Patriarche. Le lieu et la date de sa naissance sont inconnus. Selon le *Denko-roku* (« La transmission de la lampe »), écrit par Keizan Zenji (1268-1325), il était un homme laïque de plus de quarante ans qui souffrait de la lèpre lorsqu'il rencontra le deuxième Patriarche, Hui-k'o (jap : Eka), pour la première fois en 551. Profondément impressionné par la capacité de ce laïque en matière de Dharma, Hui-k'o rasa la tête du troisième Patriarche et il l'appela Seng-ts'an (jap : Sosan) ou « Joyau de la Communauté ». Il fut graduellement guéri de sa maladie et, après avoir pratiqué ensemble pendant deux ans, Hui-k'o lui donna la robe et le bol qui signifient la transmission du Dharma.

Anticipant la persécution des bouddhistes en Chine prophétisée par Bodhidharma, Hui-k'o ordonna à son successeur de se cacher dans les montagnes et de ne pas enseigner. Le troisième Patriarche vécut retiré du monde à Ch'ung-kung shan et à Ssu-k'ung shan pendant plus de vingt-quatre ans. Plus tard il rencontra le moine Tao-hsin et lui transmit le Dharma. Après cela, le troisième Patriarche partit pour Lo-fu shan, situé au nord-est de Kung-tung (Canton), où il resta trois ans. Ensuite il retourna à Ch'ung-kung shan et y mourut en 606. On dit qu'il s'est éteint debout sous un grand arbre avec les paumes des mains jointes en *gassho*.

Le titre *Hsin hsin ming* se traduit par *Versets sur l'esprit de foi*. Le titre d'un poème est souvent comparé au visage, qui exprime les caractéristiques uniques d'une personne. Dans *Hsin hsin ming, hsin* est généralement traduit par « foi ». Pourtant, le mot est également utilisé dans un sens différent dans le contexte des vers :

Hsin hsin pu erh
L'esprit de foi n'est pas deux

Pu erh hsin hsin
L'esprit de foi non-duel

Le traducteur rend ces vers comme ceci :

Vivre dans cette foi, c'est le chemin vers la non-dualité,
parce que le non-double est un avec l'esprit confiant.

Dans ce contexte, la *foi* n'a pas le sens habituel d'« avoir la foi en quelque chose », mais plutôt que cette foi est justement un *fait* de l'existence ou la réalité même. Dogen Zenji dit : « Sans atteindre la bouddhéité, la foi ne se manifeste pas. Là où la foi se manifeste, les bouddhas et les Patriarches se manifestent » *(Shobogenzo)*. Le *Nirvana Sutra* déclare : « La grande foi n'est autre que la nature du bouddha. » Kozan Garyu dit que « les mille sept cents koans tous ensemble sont l'expression de cet esprit ».

Le mot *ming* veut dire « expression écrite » et aussi « avertissements ou admonitions », d'où la signification du titre « l'expression verbale du fait que la nature même de l'existence et de tout le monde phénoménal n'est autre que l'esprit de foi ». Le *Hsin hsin ming* déclare :

Bien que toutes les dualités viennent du Un
Ne soyez même pas attaché à ce Un.

C'est-à-dire, au fond du deux il y a le un et au fond du un il y a zéro. Et ce zéro c'est « simplement cela », l'Esprit un non-né, qui est l'esprit de foi.

À partir de l'époque de sa composition jusqu'à nos jours, le *Hsin hsin ming* a été publié et traduit à maintes reprises par différents érudits et il a été apprécié par des maîtres chinois et japonais, qui ont écrit de nombreux commentaires à son sujet. Les nombreuses références des maîtres à ce poème l'ont authentifié comme une expression véritable de l'esprit du chan.

Sous la dynastie Sung, le poème *Hsin hsin ming nien-ku* du Chen-hsieh Ch'ing-liao (jap : Shinketsu Seiryo, 1088-1151) était le premier commentaire majeur. Deux siècles plus tard, sous la dynastie Yuan, Chung-feng Ming-pen (jap : Chuho Myohun, 1263-1323) a fait un autre commentaire sur le *Hsin hsin ming*. En 1667, pendant la dynastie Ming, Wei-lin (jap : I Rin) a écrit le *Hsin hsin ming chu-yu* (jap : *Jakugo*).

Le fondateur de l'école Soto japonaise, Dogen Zenji (1200-1253), a cité un certain nombre de passages du *Hsin hsin ming* dans son *Eihei-koroku*, écrit en chinois. En 1303, Keizan Zenji, le cofondateur de l'école Soto japonaise, a écrit les plus célèbres commentaires japonais sur le poème, connus comme le *Hsin hsin ming nentei* (« *Teisho* sur le *Hsin hsin ming* »). En 1781, pendant la période Edo, Kozan Garyu a écrit un commentaire, le *Hsin hsin ming yatosui*, qui contient aussi le poème de Chen-hsieh Ch'ing-liao et le *Nentei* de Keizan. Le maître Rinzai Isshi Benshu (1608-1646) a également écrit un commentaire majeur en japonais intitulé le *Hsin hsin ming benchu*.

Dans les temps modernes, plusieurs commentaires japonais ont été écrits. Parmi les plus célèbres sont les commentaires de Kodo Sawaki Akino Roshi sur le *Hsin hsin ming nentei* de Keizan Zenji et de Kodo Akino Roshi sur le *Hsin hsin ming yatosui* de Kozan Garyu. En outre, Ian Kishizawa Roshi a écrit le *Hsin hsin ming kattoshu*. D. T. Suzuki a également fourni des annotations concises et piquantes sur le *Hsin hsin ming*. Le commentaire le plus récent fut écrit par Koun Yamada Roshi.

L'interprétation que donne Genpo Roshi de l'esprit du *Hsin hsin ming* est ouverte et libre, ni limitée ni conditionnée par les interprétations de ses prédécesseurs. J'apprécie son expression vibrante, qui, je l'espère, sera pour le lecteur une source d'encouragement et d'inspiration.

Hakuyu Taizan Maezumi
Los Angeles, California
Février 1990.

1.

Ne pas avoir de préférences.

La Grande Voie n'est pas difficile
pour ceux qui sont sans préférences.
Dans l'absence d'amour et de haine,
tout devient clair et transparent.
Mais, faites la moindre distinction,
et le ciel et la terre sont infiniment séparés.
Si vous voulez voir la vérité,
ne soyez ni pour ni contre rien.
Opposer ce que vous aimez à ce que vous détestez
est la maladie de l'esprit.
Quand le sens profond des choses n'est pas saisi,
la paix essentielle de l'esprit est troublée en vain.

Quelle clarté ! Tout est dit, ici, dans la première strophe, si seulement on pouvait en prendre conscience pleinement. La question est, pouvons-nous vraiment l'entendre ? Est-ce que nous pouvons voir où nous avons des préférences, et comment ces préférences sont des formes d'attachement ? Nous savons que le fait de s'attacher ou de s'accrocher au moi est la cause de la souffrance et de la confusion. La première Noble Vérité du Bouddha – appelée *noble* car elle est au-delà de toute question de vrai ou de faux – est que *duhkha*, la souffrance ou l'insatisfaction, est la nature de l'existence. La seconde Noble Vérité déclare que la cause de cette souffrance est l'attachement. De l'état d'ignorance et de la confusion surgit l'attachement au moi, notre besoin de maintenir l'illusion d'un moi séparé, ou ego, qui se manifeste dans la formation de nos préférences, dans nos choix et nos prédilections. Nous nous accrochons à toutes sortes d'attachements : attraits et dégoûts, amour et haine, passion et agression.

Ce que nous appelons en général amour, par exemple, est assez souvent fondé sur l'attachement. Nous avons certaines idées et images dans la tête qui accompagnent chacun de nos rapports à l'autre. Quand on dit *mon* mari, *ma* femme, *mes* parents, *mon* enfant, un sentiment de possessivité ou de propriété surgit et, avec celui-ci, une série d'attentes de ce que l'autre devrait être, ainsi que des sentiments de jalousie ou de peur de perdre la relation lorsque nous pensons que celle-ci est menacée. Ainsi, à cause de l'idée que nous nous faisons de la relation, nous nous attachons, en voulant contrôler et dominer l'autre. Dans ce sens nous traitons nos femmes, nos maris, nos enfants comme moins qu'humains, en les réduisant à de purs objets. Nous exprimons notre attachement, non pas du véritable amour inconditionnel. Alors nous nous demandons pourquoi nos relations ne marchent pas, pourquoi nous sommes insatisfaits et que les autres ne sont pas heureux avec nous.

Nous voulons que nos enfants surpassent les autres, qu'ils aient les meilleurs résultats à l'école et qu'ils soient les meilleurs en athlétisme. Le fait de les traiter ainsi, comme des prolongements de notre ego, est une autre expression d'attachement.

Lorsque je faisais de la compétition de natation, j'étais souvent très frustré de voir mon père y mettre tellement de son ego. Lui-même n'a jamais pu faire de compétition car il a dû travailler dès l'âge de dix ans. Alors qu'il en a toujours eu envie, il n'a jamais eu l'occasion de pratiquer un sport ; je suis donc devenu le prolongement de son ego, le moyen de combler son désir insatisfait.

Au départ j'aimais beaucoup la natation, mais j'ai commencé à la détester car mon père était toujours derrière moi, me poussant toujours plus loin, sans jamais me laisser un jour de repos. Je me réveillais à six heures tous les matins pour pouvoir m'entraîner de sept à huit avant l'école. Ensuite on reprenait à deux heures de l'après-midi et on continuait jusqu'à six ou sept heures du soir. Après le dîner, il me ramenait à la piscine de huit heures et demie à dix heures et demie. Pendant douze ans je n'ai jamais pris un jour de repos ! S'il y avait un jour férié et que la piscine où je m'entraînais fût fermée, il me conduisait parfois quatre-vingts kilomètres plus loin à une autre piscine qui était ouverte.

Maintenant, j'ai bien sûr appris à reconnaître quelle formidable discipline c'était. Je sais que plus tard cela a aidé ma pratique de la méditation assise, mais il a fallu payer une lourde rançon de ressentiment. Lorsque nous essayons de vivre à travers nos enfants, en voulant qu'ils soient les meilleurs, nous nous accrochons à eux en les utilisant pour gratifier notre ego.

Peut-être êtes-vous en train de vous dire : « Bien sûr, je connais ce genre de personnes, mais cela ne s'applique pas à moi. » Halte-là, et regardez-vous honnêtement : voyez si vous avez en vous de la possessivité, l'orgueil du propriétaire, une tendance à comparer, lorsque vous dites *ma* femme ou *ma* fille ou *mon* mari. Comment pouvons-nous dire que quelqu'un est *mien*, *ma* possession ? Quels jugements, quelles attentes inflexibles, quels besoins de l'ego se cachent derrière ce *mien* ? Nous devrions en être conscients et prendre note chaque fois que nous pensons ou parlons ainsi.

De toute façon, cette possessivité ne nous satisfait pas longtemps. Il y a quelque temps, j'avais remarqué comment mon jeune fils, Tai, voulait toujours de nouveaux jouets. Je me suis demandé combien de temps il lui faudrait pour se rendre compte qu'il se lasse de chaque nouveauté en quelques jours. Je lui ai acheté une voiture japonaise équipée d'un écran qui simule une route. Il pouvait changer les vitesses pour accélérer ou ralentir et même provoquer une collision. Il l'a aimée pendant exactement trois jours.

Je suis tout à fait pareil, et vous aussi, probablement. Nous sommes en émoi lorsque nous recevons notre nouvelle machine à écrire, notre nouvel ordinateur, notre nouvelle télévision et, bien sûr, nous allons continuer à nous en servir, mais l'enthousiasme s'use vite. Tout ce qui est neuf devient vieux, en définitive. C'est une loi de la nature que tout ce qui naît, vieillit et meurt, cesse d'exister ; nous essayons donc constamment d'acquérir quelque chose de nouveau.

En Occident, cela est devenu particulièrement vrai, même dans nos relations avec nos conjoints. Nous sommes prêts à les remplacer après quelques années, quand ils sont devenus un peu usés, un peu miteux. Ils ne nous procurent plus la même excitation. Presque tout le monde échange sa vieille voiture et son vieux poste de télévision et même sa vieille maison pour du neuf. Mais bien que dans la vie nous voulions toujours des personnes et des choses nouvelles, en même temps nous continuons à nous accrocher aux mêmes vieilles idées préconçues sur la façon dont elles devraient être.

Nos attachements ne concernent pas seulement les gens ou les objets matériels. Par exemple, dans les retraites zen où il est demandé de respecter la forme correcte, certains participants se gonflent d'orgueil en voyant à quel point ils accomplissent bien les rituels et ils deviennent très critiques envers les autres. Ils pensent : Ces gens-là ne savent pas observer la forme convenablement; ils sont nuls, ils ne valent pas grand-chose. Ou alors l'inverse peut se produire : nous pouvons devenir attachés à l'idée de « non-forme » avant même d'avoir appris à faire les rituels. Nous nous moquons des formes, nous restons à distance avec arrogance, et nous pensons que ceux qui semblent attachés aux rituels sont des idiots. Mais qui est réellement l'idiot? Toute personne qui pense que l'autre est idiot! Voilà la seule idiotie; en dehors de cela, il n'y a pas d'idiots.

Un jour j'ai connu quelqu'un au lycée qui était considéré comme fou parce que, quand on lui offrait le choix entre dix dollars et dix centimes, il prenait les dix centimes. La personne qui lui offrait l'argent racontait à tout le monde: « Ce type est fou! » Alors quelqu'un d'autre lui donnait le même choix et à nouveau il prenait les dix centimes. J'étais curieux de savoir ce qui se passait réellement. Il ne peut pas être stupide à ce point, me disais-je. Alors je lui ai demandé : « Quand ces gens t'offrent dix dollars ou dix centimes, pourquoi prends-tu les dix centimes? Tu ne comprends donc pas que dix dollars valent cent fois plus que dix centimes ? » Il répliqua : « Si je prenais les dix dollars, ils ne me l'offriraient plus jamais. De cette façon, j'ai ramassé beaucoup plus que dix dollars. Tout le monde m'offre de l'argent. Tout le monde veut voir le fou. »

La condition de notre ego est visible non seulement dans les rituels mais dans tout ce que nous faisons. Au fur et à mesure que nous devenons plus ouverts, plus sensibles, plus réceptifs, notre ego est moins concerné, et cela se voit. Nous sommes tous des livres ouverts, complètement transparents pour celui qui n'est pas replié sur soi, ce qui veut dire, bien sûr, qu'il y a très peu de personnes qui nous remarquent ! Nous pensons que les gens nous regardent et nous sommes gênés, nous avons peur. Mais la plupart des gens ne voient pas ; ils nous regardent peut-être, mais ils ne nous voient pas réellement. Ils sont trop occupés à nous inspecter, à se demander ce que nous pensons d'*eux*. Est-ce qu'il voit derrière ma façade, mon masque ? Est-ce qu'il se rend compte que je peux à peine maintenir une cohérence dans tout cela, qu'en réalité je ne sais pas ce que tout cela veut dire, qui je suis, pourquoi je suis là ? Est-ce qu'il voit qu'en réalité je ne suis personne ? C'est ce que nous pensons en réalité – je ne suis personne. Nous essayons alors de prouver que nous sommes quelqu'un en essayant de nous contrôler et de contrôler les autres.

Si vous regardez réellement dans votre propre esprit, vous verrez à travers votre ego. Quand Eka (Hui-k'o), qui plus tard devint le second Patriarche, vint désespérément voir Bodhidharma et lui dit : « Mon esprit n'est pas encore en paix », Bodhidharma répondit : « Montre-moi ton esprit ! Où est ce soi-disant esprit qui n'est pas en repos ? » Il utilisait une belle tactique, un *upaya* (moyen habile), pour laisser Eka diriger sa lumière vers l'intérieur. Eka chercha son esprit pendant dix jours, assis jour et nuit, immobile. Vous pouvez rire, pensant : comment cela a-t-il pu lui prendre dix jours ? Mais la plupart d'entre nous continuent à chercher pendant dix ans ou plus, en croyant toujours que *moi* et *mien* existent réellement. Nous ne réalisons pas que la racine du problème est ce *moi* que nous croyons avoir, ce *moi* que nous pensons être.

Finalement, Eka retourna affronter le grand maître Bodhidharma, qui avait plus de cent quinze ans à l'époque, avec ses grands méchants yeux sans paupières. D'abord, quand Bodhidharma avait dit : « Montre-moi cet esprit ! », Eka était parti en courant, tremblant de peur, la queue entre les pattes. Mais après ces dix jours, Eka était complètement transformé. Cette fois-ci, quand Bodhidharma posa la même question, Eka répondit sans mentir : « J'ai cherché cet esprit partout et finalement j'ai compris qu'il est insaisissable, inaccessible, inconnaissable. » *Il* ne peut être vu, *il* ne peut être saisi. Pourquoi ? Parce que l'esprit n'a pas de contour, il n'a pas de forme, il n'est pas une chose, il est une non-chose. Il est vaste et spacieux, sans bornes et sans limites. C'est pour cela que nous disons, ne pratiquez pas pour obtenir quelque chose, parce que tout ce que vous gagnerez se changera en pacotille entre vos mains. Tout ce que vous croyez avoir, vous n'allez pas l'avoir pour toujours. Nous essayons de mettre le grappin sur quelque chose, d'avoir quelque chose sur quoi nous reposer, car le sol sur lequel nous nous tenons debout est très instable et nous avons l'impression d'être sur du sable mouvant. C'est même pire que du sable mouvant, il n'y a pas de fond ! Le sol sur lequel vous vous tenez n'existe pas ; pas étonnant qu'il ait l'air si peu solide. Lâchez-le, chassez le mirage de l'esprit. Renoncez-y complètement !

Bien sûr, vous ne pouvez pas vous en défaire volontairement. Vous devez plutôt lui permettre de tomber de lui-même, mais d'abord il faut la volonté de le lâcher. C'est là qu'intervient l'intention. Avoir une intention n'est pas la même chose qu'avoir un objectif. L'intention est direction, et la direction est primordiale. L'intention doit être de lâcher prise, d'abandonner corps et esprit. Si vous avez l'intention de vous accrocher, de gagner et d'accumuler, vous ne serez jamais capable d'abandonner corps et esprit. Lorsque votre intention est claire, lorsque vous êtes simplement assis sans essayer d'arriver quelque part ou d'atteindre quelque chose dans votre pratique, alors seulement vous pourrez réellement abandonner corps et esprit. Ayant le courage de regarder votre propre esprit, vous vous rendez compte : Tiens ! Il n'y a pas d'esprit. Il est sans substance, ce n'est pas une chose fixe ou solide. Il n'y a pas de moi, il n'y a pas d'ego.

Au départ lorsqu'on nous demande de trouver le penseur, nous disons tous : « Évidemment c'est moi le penseur, c'est moi qui ai toutes ces pensées. Qui d'autre que moi produit ces pensées ? » Mais quand nous regardons de plus près, nous nous trouvons à nous demander : « Mon Dieu, d'où viennent ces pensées ? Je ne sais pas ! Elles semblent provenir de nulle part, de l'espace vide. » Elles viennent comme des bulles, qui montent. Elles apparaissent et ensuite elles disparaissent. Bien sûr, nous avons des préférences, alors nous en refoulons certaines ; elles ne nous plaisent pas. Après avoir pratiqué pendant quelque temps, il se peut que nous arrêtions de rejeter certaines pensées et d'en chérir d'autres. Comment pouvons-nous mépriser certaines de ces pensées, comment pouvons-nous en choisir certaines plutôt que d'autres : « Cette bulle est meilleure que celle-là », ou, « Ceci est une plus grosse, une plus jolie bulle » ? Des bulles sont des bulles ; une pensée est une pensée. Pourquoi avons-nous de telles préférences quant au genre de pensée qui surgit ? On ne peut de toute façon pas les contrôler. Vous avez conscience de cela ? Vous n'avez aucun contrôle. Vous ne pouvez pas contrôler les pensées qui surgissent dans votre esprit. Elles viennent de nulle part ; elles retournent nulle part.

La même chose est vraie pour nos émotions. Nous pensons avoir le contrôle de nos sentiments, mais nous ne l'avons pas. Lorsque nous sommes assis sur notre coussin, des larmes de tristesse peuvent couler. Pourquoi devrions-nous les haïr et aimer la joie ? Quel mal y a-t-il à avoir des larmes ? Produire ces larmes est une fonction naturelle du corps et de l'esprit, une façon de lâcher prise, de nettoyer ou de purifier.

Pensées, sensations, émotions, même les larmes, sont comme le paysage qui défile. Quand vous faites un tour à la campagne, vous êtes simplement assis dans la voiture et vous regardez passer le paysage. Vous ne cherchez pas à savoir quelles parties vous aimez et lesquelles vous détestez ; vous regardez simplement, vous n'êtes pas trop intéressé ou impliqué, faisant pourtant attention. Soyez l'observateur impartial, comme un miroir. Laissez entrer tout ce qui vient et, quand cela s'en va, laissez-le simplement partir, sans le refouler et sans vous y attacher. Si vous y pensez comme à une bulle, comment pouvez-vous y devenir attaché ? Ce n'est qu'une bulle.

La même chose s'applique à vos fantasmes. Dogen Zenji, le fondateur du zen Soto japonais, n'a jamais dit :

« Débarrassez-vous de vos fantasmes. » Et pourtant nous pensons : Oh, je ne devrais pas avoir ce fantasme. Quel mal y a-t-il à avoir un fantasme? Simplement regardez-le. La même chose vaut pour l'état d'ignorance : Si je veux être illuminé, je ne devrais pas être dans l'ignorance. Qu'est-ce que c'est? Simplement une autre préférence. Nous préférons l'illumination à l'état d'ignorance. Qu'y a-t-il de si magnifique à propos de l'illumination? Ce n'est pas si formidable – peut-être l'état d'ignorance est-il plus drôle! Mon maître, Maezumi Roshi, disait toujours : « Je préfère être dans l'ignorance. » Je comprends maintenant pourquoi : c'est bien plus drôle, donc naturellement il préférait être dans l'ignorance.

En fait, si vous choisissez d'être dans l'ignorance, comme vous y êtes déjà, alors vous êtes Un, vous n'êtes plus en conflit, vous n'êtes plus partagé. Si vous pensez, je devrais atteindre l'illumination, il est évident que quelque part loin dans votre for intérieur vous pensez être dans l'ignorance. Puisque la personne dans l'état d'ignorance est simplement celle qui croit être dans l'ignorance, alors, lorsque vous pensez que vous devez atteindre l'illumination, vous êtes un idiot dans l'état d'ignorance! Vous vous trompez vous-même si vous pensez : Oh, ces gens formidables, ces grands maîtres illuminés sont tellement merveilleux; mais moi, je ne suis rien, juste un idiot.

Choisissez d'être dans l'ignorance – c'est plus facile! Consentez simplement à être dans l'ignorance; en fait, faites un pas de plus et souhaitez réellement être dans l'ignorance, faites un grand effort pour être dans l'ignorance! Croyez-moi, cela vient très facilement; vous n'aurez pas à vous efforcer longtemps. Immédiatement, dès que vous choisissez d'être dans l'ignorance, c'est déjà un fait établi que vous êtes illuminé. Dans notre pratique, nous n'avons pas de préférences. Si l'état d'ignorance est là, c'est bien ! Si l'illumination est là, c'est bien aussi ! Après tout, état d'ignorance et illumination ne sont tous deux que des concepts. Il n'y a pas d'état d'ignorance et pas d'illumination. Celui qui réalise cela complètement, avec tout son être, est appelé « illuminé ».

La Grande Voie n'est pas difficile
pour ceux qui sont sans préférences.

Commencez simplement à être conscient dans l'instant même où vous êtes en train d'établir des préférences, telles que « Je n'aime pas payer les factures » ou « Je n'aime pas faire le ménage » ou « Je n'aime pas la pluie ». L'esprit est extrêmement rusé. C'est la chose la plus facile d'adopter des préférences, de former des attachements. Commencez à vous prendre sur le fait ; soyez conscient quand vous vous accrochez à une préférence. Si vous ne me croyez pas (et je ne m'attends pas à ce que vous me croyiez), découvrez-le par vous-même. Commencez à observer ce qui se passe autour de vous et en vous.

Nous pensons que les personnes prétendument illuminées sont géniales parce qu'elles semblent avoir une grande lucidité. Nous pensons qu'elles sont intelligentes parce qu'elles ont l'air de connaître tant de choses. Mais comment sont-elles devenues si intelligentes ? Elles ont commencé comme vous et moi, comme des gens ordinaires, mais d'une manière ou d'une autre elles ont commencé à regarder dans leur propre esprit. Le

Bouddha lui-même a fait cela ; il aurait fait un bon scientifique. Il a vu qu'il y avait un problème et il s'est dit, je dois examiner la nature de la souffrance et découvrir quelle en est la cause. D'abord il fit preuve d'intelligence ; il savait qu'il ne trouverait pas la réponse « au-dehors », il regarda donc à l'intérieur. Vous ne la trouverez jamais à l'extérieur, parce que la racine du problème est l'esprit.

Quand nous regardons dans notre propre esprit et quand nous l'observons, nous commençons à voir que tout est impermanent, que tout s'élève et retombe, va et vient. Rien n'est réellement statique. Et pourtant, qu'essayons-nous toujours de faire ? Que rien ne bouge ! Nous essayons de nous accrocher, de nous sentir en sécurité et sans inquiétude. L'ordre naturel des choses est de couler comme une rivière, mais le courant est si rapide, si changeant qu'il donne l'impression d'être instable. Il n'y a rien à quoi nous pouvons nous accrocher, rien sur quoi nous pouvons compter ; cela bouge trop vite. Il y a seulement un endroit où nous serons en sécurité et sans inquiétude : entre quatre planches ! À ce moment-là seulement, sur votre bon lit douillet, avec votre oreiller confortable, vous serez en sécurité. Vous aurez même bonne mine là-dedans ! Vous serez très, très tranquille quand vous serez mort, mais alors il sera trop tard pour profiter de la vie.

Ne savez-vous pas que la vie est incertaine, que la vie est un risque ? Dès le moment où vous êtes né, le risque de votre mort est apparu. Voilà pourquoi nous disons que la vie et la mort ne peuvent pas être deux choses ; vous ne pouvez pas les séparer. Comment pouvez-vous avoir la vie sans la mort ? Avec la vie vient la garantie de la mort. Dès le moment où un enfant naît, la mort est inévitable.

Mais nous continuons à nous accrocher, même s'il est évident que tout ce que nous avons sera perdu, même notre propre vie. En fait, nous avons tendance à nous accrocher d'autant plus que nous savons que nous allons tout perdre. Et quand nous perdons effectivement ce à quoi nous nous étions accrochés, il arrive que nous renoncions à notre vie également. Souvent lorsqu'une femme ou un homme meurt, son conjoint meurt peu après. Les médecins et les psychologues disent que perdre un enfant, un mari, une femme, ou même une maison, peut déclencher une maladie incurable comme le cancer. Si les survivants continuent quand même à vivre, il est possible qu'ils restent tellement attachés à la personne morte qu'ils en perdent complètement toute joie de vivre.

Rien n'est permanent. Nulle part, il n'y a d'endroit sûr et sans danger ; nous sommes tous des sans-abri. Seulement quelques-uns d'entre nous en sont conscients, les autres ne le sont pas. Quand nous voyons que nous sommes réellement sans abri, il arrive que nous devenions moines, après avoir pris conscience que ceci est notre nature. Notre vraie nature n'a pas d'endroit pour se poser, pas de lieu de repos. Dans la pratique zen de *shikantaza* (« juste s'asseoir »), nous ne trouvons aucun endroit où demeurer, parce que c'est cela la réalité : un tel endroit n'existe pas. Autant regarder les choses en face : il n'y a pas d'endroit où s'arrêter. Pourtant nous essayons toujours de trouver un endroit pour nous asseoir, de nous attacher à quelque chose, de nous installer dans la sécurité et le confort.

Dans la rivière, nous n'aimons pas suivre le courant, alors nous creusons un trou et faisons un tout petit bassin le long de la berge pour sortir du flot continu.

Pouvez-vous voir pourquoi votre vie est comme ce bassin ? Non pas un point d'eau vivant, plein de processus vitaux, de cycles de nouvelle croissance et de déclin, mais complètement stagnant : si abrité et protégé qu'il devient statique ; la vie s'en retire, les pensées et émotions vivantes meurent. Bien sûr, c'est tranquille et sécurisant. Nous avons surélevé les berges de la rivière tout autour, construit des barrières pour nous protéger, tellement sûres que la vie ne peut pas nous toucher, que le flot de la rivière ne peut plus nous atteindre. Ensuite nous nous demandons pourquoi nous ne nous sentons pas réellement vivants et fonctionnant pleinement. Nous pensons : Pourquoi est-ce que je me sens parfois à moitié mort ?

Nous avons créé un tel système d'isolation entre l'ensemble de la vie et nous-mêmes – pas seulement une fine membrane, mais une armure complète – parce que nous ne voulons pas regarder en face l'impermanence et sentir la souffrance, particulièrement la souffrance des autres. Il y a tellement de souffrance dans le monde et nous ne voulons pas y être exposés, nous ne voulons pas ressentir cette souffrance nous-mêmes. C'est simplement trop douloureux.

Par exemple, en raison du lien étroit que nous avons avec nos parents, nous avons du mal à tolérer leurs angoisses. J'ai résisté très fortement à réellement ressentir la douleur de ma mère qui se sentait seule et abandonnée après la mort de mon père. C'était un tel gouffre – c'était trop lourd pour moi. J'avais pris l'habitude de m'isoler en retombant dans des rôles familiers avec elle. Quand j'ai fait le pas de sortir de ces rôles et que je me suis permis de devenir intime avec sa douleur, la relation s'est modifiée. Je suis reconnaissant pour les trois ou quatre fois où nous nous sommes véritablement rencontrés comme un seul esprit. Mais la plupart du temps je retombe dans un rôle familier et elle aussi. Je franchis la porte de sa maison et il y a comme un mur entre nous. Mais parfois, quand nous sommes seuls, après trois ou quatre heures, nous laissons tomber le masque, nous nous rencontrons. Cela prend du temps, parce que nous avons tendance à jouer jusqu'au bout nos schémas conditionnés. Et ces schémas ne sont pas simplement dans la tête – il y a des tensions dans le corps également ; le corps et l'esprit font un. Dans le zazen, nous avons l'occasion de laisser tomber nos façons habituelles de nous comporter en devenant conscients de ces schémas.

J'ai vécu dans une cabane dans les montagnes sans volets aux fenêtres et aux portes, une baie vitrée d'un côté. Elle donnait sur une vue magnifique des montagnes, mais occasionnellement des oiseaux entraient par la porte ou par les fenêtres pour aller se cogner contre la baie vitrée. Parfois ils se tuaient, mais la plupart du temps ils étaient simplement étourdis. Si j'arrivais tout de suite près de l'oiseau, le ramassais et le remettais dehors, il se ranimait. Mais si je n'arrivais pas avant que l'oiseau reprenne conscience, il commençait à voler dans tous les sens, entrant dans une frénésie parce qu'il ne voyait pas que le chemin vers la sortie était le même que le chemin par où il était entré.

La même porte par laquelle nous entrons est aussi la sortie ! Qu'est-ce que c'est que cette porte ? Qu'est-ce qu'un bébé possède qui l'amène dans ce monde ? L'envie de vivre, d'être. Quand vous faites zazen, vous franchissez cette porte et vous voyez : « Ouah ! Il y a beaucoup d'espace. C'est seulement la façon dont j'ai perçu les choses qui m'a empêché de sentir cet espace. »

Notre perspective change, elle n'est plus bloquée dans une position égocentrique fixe.

Au début, tous ceux qui sont engagés dans une pratique zen ont réellement le désir de vivre, d'être. Nous essayons d'arriver quelque part, d'être quelqu'un. Nous devons passer par ce stade d'effort acharné. Même si c'est une expression de l'ego, c'est O.K. En fin de compte, comme un papillon de nuit attiré vers la flamme, cela se consumera tout seul. Voilà pourquoi lorsque je dis : « N'attendez rien ! », je ne m'imagine pas réellement que vous n'allez rien attendre. Pendant longtemps vous allez continuer à attendre quelque chose. Je veux simplement que vous sachiez l'intention correcte : ne rien attendre. La même chose qui vous a fait entrer vous fera sortir. C'est la même porte. Faites juste demi-tour.

Mais le pauvre oiseau ne fera pas demi-tour ; il n'arrête pas de se cogner contre la vitre. Quel koan ! Les koans sont simplement un moyen que nous utilisons pour vous forcer à continuer à vous taper la tête contre la vitre, en pensant que c'est le chemin de sortie, et assez vite, le verre devient de plus en plus épais. Au bout du compte, il y a une possibilité pour que vous renonciez et que vous fassiez demi-tour. Il n'y a jamais eu de mur, il n'y a jamais eu de barrière. C'est nous qui avons créé la barrière.

Dans l'absence d'amour et de haine,
tout devient clair et transparent.

Quand vous arrêtez de vous accrocher, d'aimer dans le sens de l'attachement, du contrôle, quand vous cessez d'avoir de l'aversion envers les choses, alors vous pouvez voir les choses clairement telles qu'elles sont, sans l'observateur. Il n'y a à ce moment-là plus que le fait de voir, le fait d'entendre. Il n'y a personne, seulement de l'espace ! Le moi est vidé du moi. Quand vous êtes réellement vide et libre de préférences, alors tout est clair, transparent. Vous commencez à voir à travers votre propre masque et celui des autres.

C'est ce qui est tellement menaçant quand vous voyez un maître zen en *daisan* (entretien formel) – la peur d'être percé à jour. Certes, le maître voit à travers votre masque, mais il n'y a pas de jugement là-dessus. C'est pourquoi vous êtes là. C'est à cela que sert l'entretien : à laisser tomber le masque, à laisser tomber la séparation qui n'a jamais été là pour commencer. C'est nous qui l'avons introduite pour nous protéger. Si nous laissons tomber la protection, si nous devenons un seul esprit, à ce moment-là le maître devient disciple et le disciple devient maître. Nous prenons alors conscience : Ah, pendant tout ce temps-là, c'est moi qui étais le maître, pas lui. Je pensais tout simplement que c'était lui. Il est juste ce par où je dois passer, il est la porte vers la réalisation, je suis le vrai maître.

Pendant des années, j'ai résisté à m'abandonner à Maezumi Roshi. Il n'était pas parfait. En fait, il paraissait assez imparfait ! Et pourtant, finalement c'est devenu clair que je devais m'abandonner à lui. J'avais tant de raisons de ne pas le faire, mais quand cela s'est produit, savez-vous ce que c'était, en vérité ? Le moi abdiquant devant le moi, le bouddha devant le bouddha ! Seul le bouddha peut devenir un avec le bouddha. Lorsque vous lâchez prise, lorsque vous vous abandonnez, ce que vous découvrez c'est vous-même, vous trouvez votre vrai moi, votre moi réel, vous trouvez le maître, vous trouvez le bouddha. À ce moment vous n'avez plus à prétendre que vous êtes quelqu'un, parce que maintenant vous savez qui vous êtes, ce que vous êtes. Vous avez une grande foi en vous-même. Vous ne devez pas être quelqu'un de spécial. Vous n'avez plus besoin de vous lancer dans la politique pour prouver que vous avez du pouvoir. Vous n'avez plus besoin de contrôler votre femme ou vos enfants, parce que vous savez véritablement qui vous êtes. Et pourtant ce que c'est, cela ne peut jamais être exprimé.

Qu'est-ce que c'est votre vrai moi ? Ce sera toujours un mystère, car cela est insaisissable et inconnaissable. Bien que cela soit au-delà de toutes les étiquettes et de tous les mots, pour toujours innommable, nous donnons au vrai moi toutes sortes de noms : Esprit, bouddha, vraie nature, visage originel. Ce ne sont que des étiquettes. Quand vous faites l'expérience du vrai moi, vous en faites simplement l'expérience. Il n'y a personne là pour en faire l'expérience ; il y a simplement *cela*. À ce moment-là, le ciel est bleu, les nuages sont blancs, les vallées sont basses et les montagnes sont hautes.

Mais, faites la moindre distinction,
et le ciel et la terre sont infiniment séparés.

Lors du premier entretien formel que j'ai eu avec Maezumi Roshi, il m'a demandé : « Seriez-vous végétarien par hasard ? » J'ai répondu fièrement : « Je ne mange jamais de viande ! » Il a dit : « Ne soyez attaché à aucune idéologie, à aucune croyance. » Je pensais, ah, surprise ! C'est *cela*, le zen. Ne soyez attaché à aucune chose ! Bien sûr, il n'y a pas de mal à être végétarien, mais j'avais utilisé ce choix pour soutenir une image de moi-même comme quelqu'un de super-spirituel. Roshi pouvait facilement voir que le fait d'être strictement végétarien était devenu pour moi un gros point d'attachement à l'ego et il ne lui a pas fallu longtemps pour me rendre conscient de mon arrogance spirituelle.

Quand j'ai quitté la salle d'entretien de Roshi cette première fois, je me suis dit : « Voici un homme qui tue les bouddhas. » J'étais un bouddha, je savais cela. J'étais entré là comme un bouddha, pour avoir un débat sur le Dharma, pensant : Je suis illuminé. Je suis le bouddha le plus clair qui ait jamais marché sur cette terre. Comment pouvait-il penser qu'il est le meilleur ? Et il m'a tué d'un seul coup ! Bien sûr, cela m'a pris des années pour complètement lâcher prise.

Nous nous accrochons à nos idéologies, à nos ignorances. Regardez en vous-même et voyez si vous vous sentez libre ; peut-être êtes-vous encore attaché à des croyances et à des idéologies. Je ne suis pas en train de dire : « Pas de règles. » Je dis seulement qu'il faut réagir de façon appropriée, en toute liberté. La liberté se perd si vous êtes piégé dans les règles, mais elle se perd également si vous êtes conditionné à vous rebeller et si vous êtes pris dans une attitude de contestation permanente des règles.

Nous devenons tous dépendants de certaines croyances étranges comme : « Le Bouddha a dit telle et telle chose. » Combien de personnes savent ce que le Bouddha a dit ? Y a-t-il quelqu'un qui sait ce que le Bouddha a réellement dit ? Même les érudits ne s'entendent pas là-dessus. Et qui est ce bouddha après tout ? C'est vous. C'est ce que vous devez comprendre sans l'ombre d'un doute. Vous êtes le bouddha, non pas quelque bouddha historique qui vécut il y a deux mille cinq cents ans. Vous êtes le maître ! Ne soyez pas conditionné par quoi que ce soit.

Si vous voulez voir la vérité,
ne soyez ni pour ni contre rien.

Si vous voulez voir la vérité, vous ne devez en effet avoir d'opinion ni pour ni contre les choses. « Je n'aime pas ceci, j'aime cela ; cela n'est pas bon, ceci est bon. » Soyez comme de l'eau, soyez fluide. Quand le récipient est rond, soyez rond ; quand le récipient est carré, soyez carré. Soyez chez vous, soyez à l'aise dans n'importe quelle situation. Quand elle est formelle, soyez à l'aise dans la situation formelle ; quand elle est détendue, soyez à l'aise dans la situation détendue. Certains d'entre vous se sentent peut-être chez eux parmi les hippies, mais vous ne pouvez pas fréquenter des hommes politiques. Où que vous soyez, soyez chez vous.

De quel genre de liberté jouissez-vous si vous ne pouvez être à l'aise que lorsque vous êtes seul ? J'ai passé une année dans une cabane, confortablement seul, et au moment même où je suis sorti, le monde m'était devenu trop dur à affronter. Je suis immédiatement retourné me réfugier dans ma cabane. Il m'a fallu une année au milieu de Los Angeles pour surmonter mon attachement à être seul en paix dans une cabane. À Los Angeles lorsque nous étions assis, il y avait parfois des échanges de coups de feu autour de la maison, des radios bruyantes déversant de la musique mexicaine par les fenêtres, même des gens qui se faisaient tuer dans la rue. Vous devez être capable de vous asseoir au milieu de votre vie pleine d'activité. À quoi bon si vous pouvez seulement vous asseoir au bord de la rivière ou dans votre chambre ou dans un placard ?

Opposer ce que vous aimez à ce que vous détestez est la maladie de l'esprit.

Voici la racine du problème : c'est l'esprit, opposant toujours ce que nous aimons à ce que nous détestons, ce que nous approuvons à ce que nous désapprouvons. Nous rejetons la responsabilité vers l'extérieur, comme si nous étions des victimes. Ceci se reflète même dans la posture de zazen. Si nous nous affaissons dans l'assise comme si nous portions le poids du monde sur nos épaules, nous prenons le rôle de victime dans la vie. Tout est trop lourd ; la vie nous est simplement insupportable et nous voulons nous échapper. Il y a beaucoup de formes d'échappatoire. Le zazen peut en être une, ou s'en aller dans la montagne, ou mourir d'un cancer. Nous pouvons même choisir de nous suicider, consciemment ou inconsciemment.

Mais lorsque vous êtes assis avec dignité, vous avez envie de concentrer votre attention, vous avez envie d'aimer, de donner, d'être généreux, parce que vous êtes le roi, vous êtes le bouddha. Vous n'êtes pas juste un esclave, mais le vrai maître ! Lorsque l'ego pense qu'il est le maître, le vrai maître est absent et vous devenez l'esclave de l'ego, de toutes sortes de désirs, de toutes sortes d'attachements, d'attraits et de dégoûts ; mais lorsque vous prenez la posture et que vous êtes assis le dos droit, vous trouvez votre vrai moi. Le vrai maître rentre à la maison : « Oh, cela fait longtemps que je suis parti. Que s'est-il passé ici ? Des choses positives, des choses négatives ; tout est en désordre. Faisons le ménage dans la chambre, faisons le lit, mettons les choses à leur place. Apprécions-nous un peu plus, aimons-nous, soyons un peu plus aimables. J'ai été enfermé, confiné, emprisonné, je n'ai pas eu le temps de t'apprécier. »

Quand le sens profond des choses n'est pas saisi,
la paix essentielle de l'esprit est troublée en vain.

La paix est notre état d'esprit naturel, la clarté est notre façon d'être naturelle. C'est comme un bocal d'eau dans lequel les impuretés se sont déposées : l'eau est claire. Voilà notre état naturel : ce repos, cette paix, cette clarté. Mais nous sommes toujours en train d'agiter le bocal avec nos attraits et nos dégoûts, nos préférences, nos peurs, nos ennuis ; à ce moment-là, l'eau se trouble. Même si ce n'est pas naturel, c'est l'état dans lequel nous survivons, quelque part entre la vie et la mort, dans un demi-coma, fonctionnant à peine.

Que devons-nous faire ? Lâcher l'esprit. Comment ? Regardez à l'intérieur. Dogen Zenji a dit que l'esprit de *bodhi*, l'esprit éveillé, est celui qui voit la constante apparition et disparition de toute chose. C'est si simple. Lorsque vous êtes assis le dos droit, prenant la posture, vous pouvez commencer à voir la nature de tous les phénomènes, de toutes les choses. Tout est vide : non pas un néant, mais un vide infini, en fluctuation constante, en changement continu. Ce n'est ni fixe ni solide, c'est insubstantiel. Ce corps est insubstantiel, toutes les choses sont insubstantielles. Simplement observer l'apparition et la disparition des choses, c'est l'esprit de *bodhi*.

2.

Serein dans l'unité des choses.

La Voie est parfaite comme le vaste espace
où rien ne manque et rien n'est superflu.
En choisissant d'accepter ou de rejeter
nous ne voyons pas la vraie nature des choses.
Ne vivez ni dans l'enchevêtrement des choses extérieures
ni dans le sentiment intérieur de vacuité.
Demeurez dans la sérénité de l'Un,
et de telles vues erronées disparaîtront d'elles-mêmes.
Arrêter l'activité pour atteindre la passivité,
cet effort même vous remplit d'activité.
Tant que vous demeurez dans les deux extrêmes,
vous ne connaîtrez jamais l'Un.

La Voie renvoie au Tao, l'ordre de l'univers. Le Tao, la Voie telle qu'elle est, avant l'intervention de l'esprit, est parfaite. Le Tao, c'est simplement ce qui est. Quand nous sommes assis en zazen et que nous laissons chaque chose être ce qu'elle est, sans acceptation ni rejet, sans l'aimer ou la détester, sans approuver ou désapprouver la façon dont les choses se présentent, elles sont déjà en parfaite harmonie. Mais notre esprit rationnel et dualiste ne peut pas percevoir cela ; c'est impossible.

Nous sommes comme un lac agité par le vent, très turbulent et trouble. Nous ne pouvons pas voir les choses simplement telles qu'elles sont dans leur ordre parfait, parce que l'eau boueuse, tel un miroir couvert de poussière, ne peut réfléchir les choses clairement. Quand nous sommes assis et que nous nous apaisons, quand la boue se dépose au fond, alors l'eau devient claire comme du cristal, et la surface devient un miroir lisse qui réfléchit le tout juste tel qu'il est. Mais aussi longtemps que le vent de la pensée discursive agite l'esprit, faisant des rides sur l'eau, le tout est fragmenté et nous ne pouvons pas voir l'unité de toutes les choses.

Notre pensée dualiste cause cette fragmentation, l'incapacité de voir la Voie parfaite comme elle est dans son état naturel. La conscience dualiste est créée par l'esprit pensant. Une pensée au hasard, qui monte comme une bulle à la surface de l'eau, ne pose aucun problème. Même une pensée au hasard suivie d'une pensée au hasard suivie d'une pensée au hasard ne pose pas de problème. Dans l'eau, les bulles surgissent naturellement ; dans l'océan les vagues apparaissent naturellement. De même, la fonction naturelle de l'esprit est de générer des pensées. En elles-mêmes, elles ne posent pas de problème, mais quand nous les rassemblons, quand nous les combinons en un flot continu, nous créons l'illusion qu'il y a un ego, un *moi*. De là vient l'idée que j'existe comme une entité à part, séparée du tout : il y a un *moi* dans le monde qui observe le monde.

Ce concept d'un moi séparé entraîne la fragmentation. À cause de cela, la surface de l'eau n'est plus lisse; le miroir est brisé et ne peut plus réfléchir le tout. La pleine lune brille dans le ciel, mais l'image n'est pas réfléchie dans son entier; nous ne voyons que des taches de lumière. De même, notre vraie nature est toujours présente, mais nous n'en reconnaissons que des fragments. Bien que notre vraie nature se manifeste constamment, nous ne pouvons pas la réaliser dans sa totalité.

La vraie nature de toutes les choses se manifeste continuellement. Quand un chien aboie ou fait ses besoins, la vraie nature de ce chien est actualisée. Le chien manifeste sa nature de chien, tout comme un bâton posé par terre manifeste sa nature de bâton. Toutes les choses manifestent à tout moment leur vraie nature. Nous ne regardons jamais un arbre en pensant : « Cet arbre est imparfait, cet arbre ne manifeste pas sa vraie nature. » Seulement lorsque nous nous regardons nous-mêmes ou lorsque nous regardons les autres, nous disons : « Nous ne manifestons pas notre vraie nature. »

Pourquoi disons-nous cela? Parce que lorsqu'il s'agit d'êtres humains, nous avons une idée de sainteté, d'être humain parfait. Nous ne comprenons pas que chaque être humain manifeste toujours sa vraie nature, quoi qu'il fasse. C'est aussi simple que ça! En tant qu'être humain, vous ne pouvez pas faire autrement que de manifester votre vraie nature. Mais nous avons l'idée stupide, la notion dualiste, que nous devons être quelqu'un d'exceptionnel, comme un saint, que nous devons être parfaits pour manifester notre vraie nature, et nous travaillons donc avec assiduité à devenir parfaits. Aussi longtemps que nous approchons les choses de cette façon dualiste, nous ne pouvons jamais devenir parfaits.

C'est comme le symbole chinois yin/yang : à l'intérieur du parfait il y a l'imparfait et à l'intérieur de l'imparfait il y a le parfait. Un moine vient de ratisser les feuilles dans un jardin de rocaille. Il n'y a plus une feuille, plus une brindille sur le sol, et pourtant quelque chose ne va pas. Il le sait, mais il n'arrive pas à comprendre quel est le problème. Il n'arrête pas de regarder le jardin, insatisfait. Quand le maître sort, le moine lui dit : « J'ai travaillé des heures à ce jardin de rocaille et il n'est toujours pas parfait. » Le maître jette un coup d'œil, se dirige vers un arbre et le secoue. Quelques feuilles tombent et le moine dit : « Ah ! »

Il faut cette imperfection à l'intérieur de la perfection pour qu'elle soit parfaite. En d'autres termes, nous ne pouvons pas être littéralement « parfaits ». Un saint parfait, ça n'existe pas en réalité. Si l'on pouvait pénétrer l'esprit d'un saint, on y trouverait le pécheur. En regardant bien les rêves et les fantasmes d'un saint homme, vous rencontrez toutes sortes de péchés. Lorsque nous essayons d'être des saints, nous refoulons, nous désavouons le pécheur en nous. Mais chacun d'entre nous a un pécheur en lui, et chaque pécheur a en lui un saint. Si vous entrez dans le rêve d'un pécheur, vous savez ce que vous trouvez ? Le désir d'être un saint ! Le pécheur rêve d'être parfait, de faire le bien. Bien qu'il ne puisse pas ressembler à un saint dans ses actes, le pécheur ne pense pourtant qu'à être parfait ; alors que celui qui est soi-disant parfait, le saint, a toutes sortes de fantasmes agressifs et érotiques.

Parfois ceux qui essaient d'être des saints viennent en entretien et me racontent : « Oh, j'ai de tels fantasmes sexuels ! » Pourquoi ? Parce qu'une retraite de méditation intensive fait remonter à la surface tout ce que nous refoulons. Ce que nous désavouons, le pécheur en nous, remontera lorsque nous nous ouvrons à nous-mêmes. C'est pourquoi Suzuki Roshi disait : « Je dirais plutôt à mes disciples d'être un petit peu moins sages. » Je ne dis jamais à mes disciples : « Ne faites pas cela ! Soyez ceci ! Soyez cela ! » parce que dès le moment où nous essayons d'être quelque chose de vraiment bien, extérieurement nous pouvons y réussir, mais intérieurement nous sommes dans le chaos, dans la confusion. Nous ne sommes pas réellement apaisés à l'intérieur de nous-mêmes, pas réellement en harmonie, nous ne sommes pas vraiment chez nous parce que nous refoulons trop de choses.

Cela m'est arrivé tout au long de ma pratique. Je remarquais que quand je refoulais mes désirs sexuels ou ma colère ou ma jalousie, tous mes rêves et mes désirs étaient d'être plus sexuel, ou plus en colère, ou plus jaloux. D'une manière encore plus refoulée et plus subtile, je me fâchais intérieurement mais je ne le reconnaissais pas. Alors je détestais la personne qui était capable de se fâcher : « Comment cette personne peut-elle toujours être si en colère, si jalouse ? »

Pendant des années, cela m'a dérangé que ma femme aime critiquer et juger les autres. Non seulement ma femme, mais aussi mes petites amies antérieures semblaient avoir l'esprit très critique. *Moi*, naturellement, jamais je ne jugeais ou critiquais les gens de cette façon ! Un jour, alors que je travaillais sur cette question, je compris que j'avais refoulé le juge en moi. Je croyais qu'une personne vouée à la recherche spirituelle, un moine zen, ne devrait pas juger les autres, et j'avais donc complètement renié cette partie de moi-même. Quand c'est devenu réellement clair pour moi, toute l'énergie comprimée dans mes jugements refoulés fut soudainement libérée. Plusieurs semaines après, ma femme me dit : « As-tu remarqué que je critique moins les gens ? » Elle avait raison. Elle ne ressentait plus le besoin d'exprimer ce que moi j'avais renié.

Dans nos relations, si nous voyons dans notre partenaire quelque chose qui nous dérange vraiment, nous ferions mieux de regarder comment nous sommes en train de réprimer cette chose en nous-mêmes, comment nous ne reconnaissons pas cet aspect, nous rendant ainsi incomplets. Quand nous renions ou réprimons ces différentes parties de nous-mêmes, nous ne pouvons pas faire l'expérience de notre totalité.

Shikantaza, c'est simplement être cet espace, donner à chaque chose l'espace pour être ce qu'elle est. C'est si simple d'être juste ce que nous sommes ; cela crée un espace immense. En japonais, le mot pour dire l'enfer signifie « pas d'espace ». Quand nous ne nous laissons pas d'espace, nous sommes en enfer ; et quand nous ne laissons pas d'espace aux autres autour de nous, ils sont en enfer. Quand au sein de nos relations nous n'accordons pas d'espace à l'autre, celui-ci va se sentir opprimé et finira par se fâcher, sa réaction peut être de devenir possessif et pénible.

Examinez-vous, regardez ce que vous réprimez. Je viens de me rendre compte récemment (et nous découvrons continuellement des choses, cela ne s'arrête jamais) que j'ai réprimé celui qui essaie de faire les choses à la perfection. Pendant des années, j'ai dit : « N'essayez pas d'être parfaits. » Cela me dérangeait toujours quand je voyais des gens qui essayaient d'être parfaits ; ils semblaient si crispés. Je reniais simplement cette partie de moi-même qui veut faire les choses à la perfection, parce que j'avais l'impression que ce n'était pas bien.

J'ai rencontré un moine au Japon qui essayait de tout faire à la perfection. C'était quelqu'un de très rigide, mais de très fort aussi. Je ne cessais de le regarder; je l'aimais bien, mais quelque chose en lui me dérangeait. Chaque fois que nous revenions dans la chambre, il pliait ses habits avec beaucoup de précision dans un drap et les rangeait soigneusement. Sa valise avait l'air immaculé, parfaitement en ordre. Les autres pliaient leurs vêtements d'une façon désinvolte avant de les jeter dans leurs valises. Je commençais à comprendre pourquoi j'avais réprimé le perfectionnisme en moi. C'était parce que cela me donnait l'air si rigide et si peu naturel, alors que mon style était d'être naturel.

Bien sûr, la voie parfaite peut être détendue et naturelle; mais cela ne doit pas exclure de faire les choses correctement ou d'être conscients ou attentifs quand nous plions nos vêtements. Il est facile de dire : « Oh, ce gars est trop attaché à la perfection », mais ce jugement peut en réalité être un rejet d'une partie de nous-mêmes et un attachement à une façon d'être désinvolte ou négligé. S'il en est ainsi, au lieu de juger l'autre personne, nous pouvons revenir à nous, jeter un coup d'œil sur nous-mêmes, et voir à quel point nous nous sommes identifiés à une façon imparfaite de faire les choses.

La Voie est parfaite comme le vaste espace
où rien ne manque et rien n'est superflu.

N'imaginez pas la Voie comme quelque chose d'extérieur à vous-mêmes, comme une chose séparée de votre esprit. Quand vous êtes simplement assis en zazen, l'esprit est comme un vaste espace, sans périmètre extérieur, sans circonférence. Le miroir n'a ni bord ni support; il n'y a pas d'extérieur à cet esprit. En désignant le corps, vous dites : « Cet esprit. » Vous ne pouvez pas séparer l'esprit et le corps. L'esprit et le corps n'ont ni fin, ni limites, ni frontières.

Nous faisons tous l'expérience de l'énergie et du mouvement de cette énergie en faisant zazen, mais nous ne nous rendons pas toujours compte qu'il n'y a pas de limite extérieure à ce flot d'énergie. Elle se propage à l'infini en des cercles concentriques, très semblables aux vagues quand on jette une pierre dans l'eau.

Les bienfaits de l'énergie positive générée pendant le zazen pénètrent l'univers entier dans un sens réel, mais de façon invisible. Quand votre assise est bonne, vous commencez à ressentir cette énergie dans le corps à mesure que la force du *Samâdhi* (attention unifiée) monte. Ne vous laissez pas dire par quelqu'un qui ne s'est jamais assis et qui n'a jamais fait cette expérience que cela est impossible, qu'en aucun cas l'être humain ne peut créer une telle énergie. Vous pouvez le vérifier par votre propre expérience lorsqu'il se produit de l'énergie pendant votre zazen.

Si nous croyons que cette énergie est enfermée dans le corps physique, dans ce sac de peau, et qu'elle ne se propage pas à l'extérieur aussi bien qu'à l'intérieur, c'est que nous sommes tombés dans une sorte d'arrogance. Pourquoi pensons-nous être seuls à ressentir cette chaleur, cette joie, cette sérénité, cette paix? Comment peut-il y avoir une fin à cette énergie? Pourquoi supposer qu'elle s'arrête où que ce soit? Comment pouvons-nous avoir l'audace de croire qu'elle n'existe qu'à l'intérieur des limites de notre propre peau? Peut-être parce que les conséquences, quand nous commençons à y réfléchir, sont trop lourdes pour nous : le moindre événement, que ce soit une pensée ou un mot ou un acte, produit et dirige de l'énergie. Il n'y a que notre esprit arrogant, ignorant, pour croire que cela s'arrête avec nous. Cela ne s'arrête pas à la peau, cela ne s'arrête pas à la porte de cette salle, cela ne s'arrête pas aux frontières de ce pays, et cela ne s'arrête pas à l'extrême limite de notre atmosphère. Chaque événement se propage dans les dix directions, à travers le temps et l'espace, parce qu'il y a seulement ici et seulement maintenant. Tout passé et tout futur sont maintenant; tous les endroits dans l'univers sont ici.

Il était une fois un moine, Hyakujo (Pai-chang), qui se promenait avec son maître Baso (Ma-tsu). Baso vit des oiseaux passer dans le ciel et dit : « Où sont-ils allés ? » Hyakujo répondit : « Ils se sont envolés. » Baso saisit le nez de Hyakujo et le tordit violemment. Hyakujo cria : « Aïe, qu'est-ce que vous faites ? » Baso voulait que le moine voie la vraie situation ! Où les oiseaux auraient-ils pu aller ? Y a-t-il un endroit où aller ? Un endroit où se cacher ? Un endroit où l'on n'est pas chez soi ?

En tant que moines, nous sommes censés être sans domicile, ayant laissé derrière nous nos foyers. Mais une fois que nous sommes sans domicile, nous comprenons que chaque endroit est un foyer. Quel que soit l'endroit où nous nous trouvons, nous sommes chez nous. Cette planète est notre demeure. Si nous allons sur la lune, nous sommes chez nous. Nous ne pouvons pas quitter ce chez-nous. Il s'agit d'un paradoxe : lorsqu'il n'y a pas de demeure fixe, pas de domicile fixe, tout endroit devient un foyer. C'est la même chose avec notre esprit. Si le seul endroit où nous nous sentons chez nous est à l'intérieur de nos propres préjugés, opinions et idées, alors nos esprits sont figés, bloqués. Nous ne nous sentons chez nous et en amitié qu'avec des gens qui partagent notre philosophie. Nous recherchons les gens qui ont les mêmes points de vue que nous et nous évitons ceux qui ont des points de vue différents parce que nous nous sentons mal à l'aise avec eux.

Je connais un homme qui n'a pas échangé une seule parole avec son frère depuis dix ans. Pourquoi ? Parce qu'il y a un point philosophique sur lequel ils ne sont pas d'accord. Mon ami installe des centrales nucléaires autour du monde et son frère est antinucléaire. Voici donc un homme qui est en faveur de l'harmonie et de la paix dans le monde – et cela peut en effet être une très bonne chose d'être contre l'énergie nucléaire et les bombes atomiques – mais dès le moment où il dit : « Je suis contre », il a pris une position fixe et il s'est bloqué. Maintenant nous sommes contre tous ceux qui sont pour. Même deux frères sont en guerre et ne peuvent entrer dans la même maison, tout cela pour une notion si juste. « Je suis contre les centrales nucléaires, je suis contre la bombe atomique, je suis donc contre mon frère. Je ne pourrai jamais être en paix avec lui. » Si vous vous arrêtez pour y réfléchir, c'est profondément stupide. Mais nous ne nous arrêtons pas pour réfléchir. Nous pouvons voir ça chez les autres, mais quand il s'agit de nos propres opinions, nous sommes complètement myopes.

Ceux qui sont contre engendrent ceux qui sont pour. Il doit y avoir deux camps opposés pour qu'il y ait conflit. Dans la pratique du karaté, lorsque nous abandonnons les figures imposées, je remarque que tous les élèves les moins expérimentés sont en conflit constant, bloquant ou attaquant, les deux seules choses qu'ils connaissent. Les élèves les plus expérimentés et réellement capables savent comment battre en retraite ; ils reculent et esquivent, ne laissant à leur adversaire personne contre qui se battre, personne pour offrir de la résistance.

Je me souviens un jour, une personne qui était chargée de la publication d'un des livres de Maezumi Roshi lui dit : « J'aimerais imprimer dix mille exemplaires de ce livre. » Roshi dit : « Bien, faites comme vous voulez. » Mais alors cet éditeur continua : « Je ne suis pas sûr, dix mille pourrait être un nombre trop petit, peut-être devrions-nous en imprimer vingt mille. » Roshi répondit : « Bien, faites comme vous le souhaitez. » L'homme dit alors : « Mais je ne suis même pas sûr que ce livre soit bon, peut-être nous ne devrions pas l'imprimer du tout. » Roshi dit : « Bien, alors faites ce que vous voulez. » L'éditeur dit : « Mais il a le potentiel de devenir un best-seller grand format et nous pourrions même en vendre trente mille ! » « Bien, dit Roshi, faites comme vous voulez. » Puis l'éditeur se mit à réfléchir : « Cet homme ne prend pas position ; je vais le forcer à prendre une position. » Il se mit donc à dire des choses outrageantes, et plus il en dit, plus il n'y avait simplement personne devant lui pour prendre une position. Très vite il a dû abandonner, complètement frustré parce qu'il n'y avait aucune opposition.

Nous sommes toujours opposés à quelque chose, toujours pour ou contre. On nous l'apprend à l'école. Vous êtes obligé d'avoir une opinion, vous devez aimer ou ne pas aimer. Quand vous allez au musée, on attend de vous que vous exprimiez votre opinion : « Ceci est un tableau magnifique, un tableau splendide. Oh, mais voyez donc cette croûte là-bas ! » Vous ne pouvez pas simplement regarder le tableau, sans avoir une opinion. Que se passe-t-il si vous abandonnez toutes ces opinions et que vous êtes un professionnel de l'art ? Chaque tableau est parfait. Et, en un sens, cela est vrai, n'est-ce pas ? Chaque arbre est un arbre parfait. La nature ne fabrique pas certains arbres parfaits et d'autres arbres imparfaits. C'est la même chose pour les tableaux. Nous pouvons affirmer que certains arbres ou certains tableaux sont plus parfaits, mais cela seulement d'un point de vue relatif. Les êtres humains nous paraissent bien sûr différents : certains plus saints, certains nés infirmes, certains pas très intelligents, certains fous, mais qui dira lequel est parfait ?

Lorsque je travaillais avec des enfants émotionnellement perturbés, je voyais comment certains d'entre eux pouvaient se jeter dans n'importe quelle activité plus entièrement que la plupart d'entre nous peuvent le faire. Ils étaient moins préoccupés de savoir de quoi ils avaient l'air ou de ce que les autres allaient penser d'eux. Simplement ils étaient totalement absorbés par tout ce qu'ils faisaient. Nous autres, nous sommes trop intelligents et trop contrôlés et trop sophistiqués pour être comme cela.

Il y avait une fois, au temps du Bouddha, un moine pas très intelligent qui voulait voir le Bouddha face à face ; mais les moines autour du Bouddha disaient : « Tu ne peux pas le voir ; tu es trop bête. » Le moine peu intelligent dit : « Mais je veux atteindre le quatrième niveau de l'état d'Arhat ! » Les moines répondirent : « Pour cela, tu n'as pas besoin de voir le Bouddha. Nous t'aiderons. » Ils lui dirent d'aller s'asseoir dans un coin, face au mur. Comme le stupide innocent qu'il était, il y alla et fit ce qu'on lui demanda. Les moines lancèrent une noix de coco qui l'atteignit à la tête. « Aïe ! qu'est-ce que vous avez fait ? – Tu viens juste d'atteindre le premier niveau de l'état d'Arhat, répondirent les moines. Maintenant va t'asseoir dans le second coin. » Quand il y fut, ils prirent une autre noix de coco qu'ils lancèrent de nouveau à sa tête. « Aïe ! – Tu viens juste d'atteindre le second niveau de l'état d'Arhat, dirent les moines. Va t'asseoir dans le troisième coin maintenant. » Puis ils l'atteignirent de nouveau à la tête avec des noix de coco dans le troisième et le quatrième coin. Après cela, le moine peu intelligent courut vers eux, se prosterna trois fois devant eux et s'en alla comme un bouddha ! Or, ces moines si intelligents sont toujours assis là, à se demander ce qui s'est passé, à essayer, à se démener, sachant très bien qu'ils n'y sont pas encore.

Mumon disait : « Ne pas savoir est une chose très intime. » Aller au-delà du fait de savoir ou de ne pas savoir est très intime : être simplement un avec cela. Comment se fait-il que nous sommes partagés, que nous ne nous sentons pas un ? Parce que nous en savons trop ; nous avons trop de savoir, trop d'intelligence, trop d'information. Nous sommes trop malins. Peut-être sommes-nous diplômés de l'université ou enseignants ou docteurs ou peintres. Toute cette connaissance nous empêche d'être réellement intime.

Si nous oublions simplement tout, si nous lâchons l'esprit, alors il y a juste l'expérience elle-même. Quand vous êtes assis et qu'il y a un coup de tonnerre soudain, que tout à coup vous avez oublié tout ce que vous savez, n'est-ce pas magnifique ? N'est-ce pas merveilleux ? L'esprit a lâché, et tout est tel quel ! Tout est parfaitement harmonieux quand nous abandonnons notre savoir, quand nous lâchons l'esprit, quand nous oublions le moi.

Certains disciples viennent me voir en disant : « Je ne peux simplement pas faire le saut, je ne peux pas lâcher prise. » Pourquoi ? Parce qu'ils sont trop malins, ils en savent trop ; ils savent tout à l'avance et comprennent tout. Ils lisent trop. J'aime travailler avec les pratiquants de karaté parce qu'ils ne savent rien du zen ou de la spiritualité. Cela ne les a jamais intéressés, ils veulent seulement se battre, être capables de se défendre. Ils veulent être des durs ; ils veulent contrôler leur vie. Ils ne veulent plus avoir peur quand ils se promènent dans les rues, alors ils viennent apprendre le karaté. Ils apprennent à se sentir plus en confiance, à faire davantage face à eux-mêmes, mais tout ce qui touche à la spiritualité ne les intéresse pas. Quand vous travaillez avec eux, ils ne portent pas avec eux un énorme bagage d'information et de savoir. Ils veulent simplement connaître les choses les plus simples : Comment est-ce que je salue mon adversaire ? Comment est-ce que je place mes jambes ? Comment est-ce que je m'aligne correctement ? Quelle posture suis-je censé prendre ? Que dois-je faire de mon esprit ? Les questions sont toujours si simples, si directes et pertinentes. Si je commence à m'exprimer de façon intellectuelle ou conceptuelle, ils disent : « Attends une minute, montre-moi simplement comment m'asseoir, comment respirer, comment me concentrer. Je ne veux rien savoir du reste. »

En choisissant d'accepter ou de rejeter
nous ne voyons pas la vraie nature des choses.

Quand je vais en Pologne pour enseigner, un flot constant de gens viennent me rendre visite. Quelqu'un, un jour, me dit là-bas : « C'est étonnant d'observer ce qui se passe dans ta chambre. Tu ne rejettes personne. Quelle que soit la personne qui entre, tu t'assieds avec elle et tu lui parles, tu lui donnes du thé et tu lui fais la conversation jusqu'à ce qu'elle s'en aille. J'aurais des difficultés à supporter certaines d'entre elles. Comment peux-tu être si gentil et si aimable avec celui-ci ou celui-là ? »

Si pendant l'assise nous rejetons constamment certains sentiments, certaines pensées, certaines émotions, certaines idées, et que nous nous accrochions à celles que nous appelons créatives, merveilleuses ou belles, alors dans la vie aussi nous allons nous mettre à faire exactement la même chose. Nous aimerons certaines personnes, nous attachant à elles, et nous en mépriserons et rejetterons d'autres. Mais lorsque nous devenons comme un vaste espace, il n'y a plus de choix ou de sélection. Chacun est égal, chacun est juste un reflet de nous-mêmes et nous pouvons commencer à apprécier les différentes qualités dans chaque personne, la beauté de chacune.

Tout le monde, même la personne la plus laide, a une part de beauté, quelques qualités merveilleuses, et de même, toute beauté a quelque chose de laid. Il suffit de commencer à vivre avec quelqu'un et vous allez trouver ça. Tout le monde pète, tout le monde chie, tout le monde pue. Il y a l'histoire de cette femme qui ramène deux singes et un chien à la maison, et qui voulait qu'ils vivent dans sa chambre à coucher. Son mari fit une objection, disant : « Mais, chérie, as-tu pensé à l'odeur ? » Elle répondit : « Ne t'en fais pas pour l'odeur. Je m'y suis habituée ; ils s'y habitueront aussi ! »

Ne vivez ni dans l'enchevêtrement des choses extérieures
ni dans le sentiment intérieur de vacuité.

Ne vivez pas dans l'enchevêtrement des choses extérieures. Ne vous laissez pas entraîner hors de vous-mêmes et ne soyez pas attachés. Quand nous entendons de beaux sons, tout de suite notre attention est attirée vers eux. Notre esprit dualiste entre en jeu et nous commençons à aimer ou à ne pas aimer : « Oh, quelle belle musique ! », « Oh, quel beau tableau ! », ou « Que c'est affreux ! » Cela peut arriver par n'importe lequel de nos sens : par la vue, l'ouïe, le sentiment, la pensée. Par exemple, pourquoi sommes-nous si attachés au sexe ? Parce que c'est agréable et nous nous attachons à cette sensation ou au souvenir de cette sensation. Même après, quand cela a cessé d'être si agréable, nous en restons prisonniers, comme un rat qui a été entraîné à parcourir un labyrinthe avant de recevoir une récompense. Nous devenons complètement enfermés dans des schémas habituels, dans les ramifications et enchevêtrements des sens, et nous perdons notre vrai moi.

Demeurez dans la sérénité de l'Un,
et de telles vues erronées disparaîtront d'elles-mêmes.

Soyez en paix avec les choses telles qu'elles sont. Dans l'état naturel des choses, nous sommes déjà un. Parce que votre esprit naturel est déjà un, quand vous essayez de devenir un, quand vous essayez d'arriver quelque part ou de gagner quelque chose, vous vous êtes déjà égaré. À cause de l'effort même de devenir un, vous avez déjà échoué. Pourquoi est-ce si difficile de simplement s'asseoir droit et d'être naturel ? Pourquoi est-ce si difficile de s'asseoir ici et de ne rien faire, de ne rien chercher ? « C'est très ennuyeux, je ne suis pas en train d'accomplir quelque chose. Je n'ai rien à montrer en récompense de mes efforts. Je perds mon temps ! »

Nous ne devons pas perdre notre temps. Nous chantons cela dans notre sutra « Identité du relatif et de l'absolu ». « Ne gaspillez votre temps ni de jour ni de nuit. » Vous savez comment nous gaspillons réellement notre temps ? En courant après les choses, le contraire de ce que nous disons habituellement. « Quand je suis assis et que je ne fais rien, je gaspille mon temps » est une conception de la vie à l'envers. « Ne gaspillez votre temps ni de jour ni de nuit » veut dire ne continuez pas de courir après tout, en essayant d'accumuler plus.

Dans la pratique du zen, gagner c'est perdre, perdre c'est gagner. Abandonner tout, c'est gagner tout. Si je saisis un rosier, les épines peuvent me blesser, mais au moins cette douleur est quelque chose de connu, de familier. La familiarité me met à l'aise en quelque sorte, même si j'ai mal et que je souffre. Ma vie me donne un sentiment de sécurité même si elle ne fonctionne pas bien. La sécurité est ce que nous voulons plus que tout ! Une quantité connue, même un faux sentiment de sécurité, est plus confortable que de regarder en face la vérité de notre insécurité.

Quand nous affrontons finalement la vérité et que nous abandonnons nos peurs, nous sommes remplis par le Dharma. Ouvrez simplement la main et vous serez rempli par lui ! Cela demande beaucoup d'énergie de garder les poings serrés, mais si vous vous détendez et lâchez prise, la main s'ouvre naturellement d'elle-même, tout comme une rose. En fait, cela vous demande plus d'effort de rester fermé que de vous ouvrir. Cinq heures de sommeil pourraient suffire à la plupart d'entre nous, si cela ne demandait pas tant d'énergie de garder le contrôle, de maintenir une cohérence dans tout cela. Simplement lâchez prise ! Mais si vous me demandez comment, je ne peux pas vous le dire. Personne ne peut vous dire comment lâcher prise.

Quand mon fils apprenait à nager, je disais : « O.K., Tai, saute dans la piscine, saute ! » Mais il restait assis là au bord de la piscine et disait : « O.K., papa, je vais le faire.

– Tai, saute maintenant !

– O.K., papa, je vais le faire, j'essaie ! J'essaie, papa, j'essaie *très fort*, papa. Je vais le faire, j'essaie vraiment de lâcher et de juste plonger.

– Vas-y, Tai, plonge, saute !

– Je le ferai... demain. Demain, je le ferai. »

Quand le fera-t-il ? Qu'est-ce qu'il lui faut de plus ? Évidemment, la confiance. Il doit avoir confiance en moi, il doit avoir confiance en l'eau et il doit avoir confiance en lui-même. Vous ne sauterez pas, vous ne ferez pas le pas jusqu'à ce que, d'abord et avant tout, vous ayez confiance en vous-même que tout se passera vraiment bien. Quand réellement vous faites ce saut, cela semble un trou de cinquante mètres. Nous avons un koan : Comment faire le pas suivant lorsque vous avez atteint la cime d'un poteau de trente mètres ? C'est comme si vous tombiez dans un abîme, comme si vous alliez perdre la vie, parce que la seule vie que vous connaissez est la vie personnelle, la petite, celle qui est limitée. Quand vous sautez, ce n'est vraiment que le pas suivant, mais vous ne pouvez pas savoir cela, vous ne pouvez pas le savoir jusqu'à ce que vous sautiez. Vous pouvez me l'entendre dire un million de fois, mais vous ne pouvez pas savoir jusqu'à ce que vous fassiez suffisamment confiance à vous-même et à moi et au processus pour sauter. L'eau va vous porter. Même si vous descendez, vous allez remonter tout de suite. L'univers vous portera.

Quand vous sautez ainsi, la seule chose que vous puissiez perdre, c'est votre identité personnelle, votre ego. Ce que vous trouvez, c'est votre vraie vie, votre vie réelle, celle qui est sans limites, celle dans laquelle vous ne vous sentirez plus à l'étroit et confiné. Ce que vous trouvez, c'est énormément d'espace, de liberté, de délivrance, de paix. Tous ces efforts pour vous accrocher vous ont comprimé en une dure petite boule d'idées et d'opinions rigides. Qui peut vivre avec tout ça ? Qui veut fréquenter quelqu'un d'aussi renfermé, arrêté dans ses opinions, colérique, contrariant et contrarié ?

Mais nous continuons à nous accrocher, comme si notre vie en dépendait, à ce que nous connaissons et à ce qui nous semble sûr et solide. Mille et une fois nous avançons jusqu'au bord du précipice et disons, « Une autre fois ! », jusqu'au jour où nous avons suffisamment confiance en nous-mêmes pour sauter. À ce moment-là nous voyons que rien ne nous manque. Nous avons déjà tout. Nous avons toujours eu la foi nécessaire pour faire le saut. Comment pouvons-nous réellement croire que le véritable esprit, le vrai moi, ait jamais manqué de quoi que ce soit ? Qu'est-ce qui pourrait manquer ? C'est un tout, une totalité. Il n'y a que le moi rétréci et égocentrique qui a l'impression qu'il lui manque quelque chose. Et pour l'ego cela est vrai : la vie, précisément notre vie même, fait défaut ! Quand nous allons au-delà de l'ego, et que nous faisons l'expérience de la révélation soudaine qu'absolument rien ne manque, alors immédiatement la foi nécessaire pour sauter est là. Le saut même est la révélation, la révélation est le saut. Mais d'une façon ou d'une autre, nous voulons nous en assurer avant : « Garantis-moi que tout ira bien, que je ne vais pas y perdre ma femme, ma voiture, mon jardin, ma maison, le sexe, la boisson, toutes les choses dont je jouis et qui me disent qui je suis ! » Nous voulons des garanties, mais tout ce que je peux vous dire c'est que perdre, c'est gagner. Quand vous laissez tout tomber, vous gagnez tout. Il n'y a pas de manque. Vous aurez tant d'offres que vous ne saurez plus quoi en faire ! Ce sera le problème suivant. Il y aura une abondance de tout et l'étape suivante de la pratique sera de savoir comment se servir de tout cela.

Quand vous vous fondez dans le vaste et profond océan tout entier, quand vous n'êtes plus identifié avec les vagues de la surface, il n'y a rien qui manque. Aussi longtemps que vous vous identifiez aux vagues, votre vie passera constamment par des hauts et des bas. Lorsque vous ne faites plus qu'un avec l'océan, il n'y a plus de hauts et de bas. Tout s'approfondit et s'égalise. Chaque jour est un bon jour. Chaque jour est un jour parfait.

Arrêter l'activité pour atteindre la passivité,
cet effort même vous remplit d'activité.

L'effort même pour arrêter l'incessant mouvement de la pensée nous maintient agités. Abandonnez simplement tout cet effort que vous faites pour arrêter de penser ! L'effort fructueux consiste à abandonner l'effort. Luttez pour arrêter de lutter ! Quand vous faites cela, tout s'apaise de soi-même. Le corps et l'esprit s'abandonnent naturellement quand il est temps, tout comme la pomme tombe quand elle est mûre. Si vous la cueillez trop tôt, elle est encore verte, comme certains d'entre nous qui passent beaucoup de koans mais qui restent immatures dans leur pratique. Toute chose, tout le monde mûrit en son temps. Ne précipitez pas les choses. Laissez-les s'épanouir; laissez-les évoluer naturellement.

Tant que vous demeurez dans les deux extrêmes,
vous ne connaîtrez jamais l'Un.

Aussi longtemps que vous êtes pris dans l'habitude d'accepter ou de rejeter, d'aimer ou de ne pas aimer, vous ne pouvez pas connaître la paix véritable, la vraie unité. Bien que vous soyez un en permanence, toute dualité engendre des séparations dans votre esprit et vous ne réalisez pas que vous êtes un.

3.

Retour à la racine.

Ceux qui ne vivent pas dans la Voie unique
échouent dans l'activité comme dans la passivité,
dans l'affirmation comme dans la négation.
Nier la réalité des choses
c'est passer à côté de leur réalité ;
affirmer la vacuité des choses
c'est passer à côté de leur réalité.
Plus vous y pensez et plus vous en parlez,
plus vous vous éloignez de la vérité.
Arrêtez de parler et de penser
et il n'y a rien que vous ne puissiez connaître.
Retourner à la racine, c'est trouver le sens,
mais courir après les apparences,
c'est manquer la source.
À l'instant de l'illumination,
apparence et vacuité sont dépassées.
Les transformations apparentes du monde vide,
nos vues fausses les croient réelles.
Ne cherchez pas la vérité ;
cessez seulement de chérir vos opinions.

Lorsque nous parlons de la Vérité avec un grand V, dans le sens de la Vérité absolue, alors il ne peut y avoir qu'une seule Vérité, une seule Voie ; et cette Voie unique peut être trouvée dans toutes les religions et dans toutes les pratiques. Cette affirmation peut choquer certaines personnes si elle n'est pas clairement comprise.

Au niveau relatif, bien sûr, il y a beaucoup de vérités avec un petit v. Mais lorsque nous atteignons le sommet et lorsque nous avons cette expérience véritable, ce dont il s'agit réellement dans le zen, alors nous savons qu'il ne peut y avoir qu'une seule Vérité et qu'elle est la même pour toute personne qui la réalise : quelle que soit sa culture, sa religion, son origine, que ce soit un homme ou une femme, qu'il soit jeune ou vieux, chinois, japonais, indien, anglais, néerlandais, ou français. La Vérité est universelle, parfois appelée Vide ou Dieu.

Qu'est-ce que la Vérité ? Dans un sens, on peut dire que c'est ça notre pratique, réaliser ou atteindre la Vérité. Et alors, quelle est la meilleure façon de trouver cette Vérité ? Il est évident que si nous la cherchons à l'extérieur de nous-mêmes, nous ne pouvons jamais y arriver. Malheureusement, la plupart des gens ne comprennent même pas ceci et continuent à chercher la Vérité dans le monde phénoménal, dans des choses externes, pensant qu'ils arriveront à une sorte de bonheur ou de paix ultime en accumulant possessions, pouvoir, fortune, gloire, situation, et ainsi de suite. Mais il ne faut pas grand-chose, seulement un léger déplacement de perspective, pour voir que nous ne pouvons jamais y arriver en dirigeant la flèche vers l'extérieur.

Il n'y a rien de plus merveilleux pour moi que d'entendre mes disciples faire des exposés qui dirigent la flèche vers l'intérieur et qui manifestent le Dharma, juste là devant mes yeux. Je commence alors à croire : « Peut-être que ça marche ! Peut-être que cette pratique stupide marche réellement ! » Parfois j'ai mes doutes : entretien après entretien, en nous voyant si préoccupés, si égocentriques, voyant à peine plus loin que le bout de notre nez. Parfois je ne peux pas faire autrement que de me demander, est-ce que ça marche réellement ? Mais ensuite viennent les jours où je vois des disciples en train de devenir des récipients vides et je vois le Dharma qui tout simplement s'écoule d'eux !

Il y a un koan qui parle de deux de mes personnages favoris, Ganto et Seppo. Ganto était environ cinq ans plus jeune que Seppo, mais sa propre réalisation eut lieu plus tôt et était très claire. Ganto avait étudié avec Tokusan, qui était un autre grand maître. Tokusan avait la réputation d'un maître très strict et sévère. Il est connu pour un koan particulier : chaque fois que quelqu'un venait en entretien avec lui, il criait : « Dites un mot de zen ! » et peu importe ce que le disciple disait ou faisait, il le battait une trentaine de fois avec son bâton et ensuite le mettait à la porte. C'était un homme fort et vraiment dur.

Plus tard dans sa vie, Tokusan devint beaucoup plus gentil. Nous avons un autre koan qui montre cela. Un jour Seppo voyait Tokusan descendre le couloir en direction de la salle à manger pour le dîner informel. Seppo était *tenzo*, le chef-cuisinier, et même aujourd'hui dans les monastères Rinzai la cuisine s'appelle *seppo ryo*, la salle de Seppo. Dans un monastère zen, quand il est l'heure de manger, on sonne la cloche et on donne trois coups de tambour pour appeler le supérieur après que tous les autres se sont rassemblés. En voyant Tokusan arriver, Seppo dit : « Vieux Maître, la cloche n'a pas encore sonné et le tambour n'a pas été frappé. Où allez-vous donc avec vos bols ? »

Seppo avait alors quarante et un ans, tout juste un petit jeune, et Tokusan en avait environ quatre-vingts. Voici le terrible Tokusan – les moines étaient morts de peur d'aller en entretien car ils savaient que, quoi qu'ils fassent ou disent, ils seraient simplement battus – et Seppo avait le culot de dire quelque chose comme : « Alors, vieux père, qu'est-ce que tu fais là ? Il n'est pas encore l'heure de dîner. » En entendant cela, Tokusan fit simplement demi-tour et retourna à son appartement sans dire un mot. Pouvez-vous imaginer la délicatesse et l'humilité de Tokusan pour permettre à son *tenzo* de lui parler sur ce ton et ensuite simplement faire demi-tour et docilement retourner à sa chambre ? Il menait une vie sans prétention, loin au-delà de toute la puanteur du zen.

Seppo était vraiment excité par cette rencontre et il était très impatient d'aller la raconter à son meilleur copain, Ganto. Dès la fin du repas, il courut vers Ganto et dit : « Ganto, Ganto, devine ce qui s'est passé ? Finalement, je l'ai attrapé, le vieux ! Il se dirigeait trop tôt vers la salle à manger, alors je lui ai crié : " Eh, mon vieux, où allez-vous comme ça ? " et tu sais, tout honteux, il est retourné sur-le-champ à sa chambre l'oreille basse ! » Ganto, qui avait trente-cinq ans à l'époque, répondit : « Ça alors, tu l'as vraiment bien eu. Tout grand maître qu'il est, Tokusan n'a pas encore saisi le dernier mot du zen ! » Seppo a dû se demander : « Le dernier mot du zen ? Quel est le dernier mot du zen ? »

Plus tard, Tokusan eut vent de ce que Ganto avait dit à Seppo et ordonna à son serviteur : « Appelle Ganto ! » Lorsque Ganto entra, Tokusan dit : « La rumeur m'est parvenue que tu n'approuves pas ce vieux maître. » Là-dessus Ganto chuchota quelque chose à l'oreille de Tokusan et, après avoir entendu ce qu'il avait dit, Tokusan fut satisfait et resta silencieux. Le lendemain, Tokusan prononça un discours sur le Dharma qui était différent de tous ceux qu'il avait jamais tenus avant. Ganto sursauta en riant et en applaudissant devant la salle de méditation, et s'exclama : « Quelle grande joie ! Le vieux maître a maintenant saisi le dernier mot du zen. Désormais, plus personne au monde ne pourra le traiter à la légère. »

Si vous présentiez ce koan aujourd'hui à votre maître lors d'un entretien, il pourrait vous poser au moins trois questions : « Quel est le dernier mot du zen ? » « Qu'est-ce que Ganto a chuchoté à l'oreille de Tokusan qui ait satisfait celui-ci ? » et « Qu'est-ce qui était différent dans le discours de Tokusan et qui fit sauter Ganto en riant et en applaudissant ? » Il vous faudra trouver des réponses correctes à ces questions pour satisfaire le maître.

Pouvez-vous voir pourquoi j'aime Ganto ? Bien qu'il soit jeune et encore immature, même pas comparable à Tokusan, quel scénario il a mis sur pied ! Quelle compassion, quels moyens habiles ! Même à l'âge de trente-cinq ans, la sagesse de Ganto était assez grande pour complètement accrocher Seppo. Pendant des années, Seppo n'a eu d'autre choix que de se demander : « Quel est le dernier mot du zen ? Qu'est-ce que cela pourrait être ? » C'est ce que nous appelons un koan naturel, le cœur de tous les koans, la question fondamentale. Vous pouvez imaginer ce que fut l'assise de Seppo pendant les années qui suivirent, et son travail dans la cuisine, jamais en paix.

Quelques années plus tard, Tokusan mourut. À la recherche d'un nouveau maître, Ganto et Seppo étaient en route. Seppo n'avait pas encore vraiment atteint la véritable illumination. Il avait entrevu certaines choses, mais il n'était pas complètement clair. Une nuit, alors qu'ils voyageaient, ils s'arrêtèrent dans une hutte abandonnée et étendirent leurs couvertures pour dormir. Au milieu de la nuit, Ganto s'éveilla en voyant la chandelle toujours allumée, l'encens qui brûlait et Seppo assis en zazen. Il dit : « Eh, Seppo, qu'est-ce que tu fais ? » Seppo répondit, irrité : « Qu'est-ce que j'ai l'air de faire ? » Ganto répliqua : « Pourquoi est-ce que tu fais zazen ? Tu ne vas pas dormir cette nuit ? » Seppo déclara : « Pour atteindre l'éveil, pour réaliser le bouddha ! » Ganto répondit : « Ne comprends-tu donc pas que ce qui jaillit de ton propre cœur *est* le bouddha ? »

Cette histoire touche un point clé : ce qui jaillit de votre propre cœur n'est rien d'autre que le Bouddha-dharma, alors qu'est-ce que vous cherchez partout ailleurs ? Lorsque vous vous videz de toute opinion, de toute notion, de tout concept, de toute idée du moi ; quand vous devenez parfaitement vide d'ego ; quand vous êtes assis là comme un zéro, comme rien du tout ; à ce moment, ce qui sort de votre cœur est le vrai Dharma. Et quand un de mes disciples fait un exposé et exprime le vrai Dharma, je suis encore plus en émoi que je ne l'étais à la naissance de mon propre bébé. Bien que je l'aie mis au monde moi-même, ce n'était pas un frisson de joie aussi grand que celui de voir le Dharma jaillir de quelqu'un à grands flots. Nous disons que le plus grand miracle est la naissance d'un enfant, mais pour moi cela vient en second lieu ! – la naissance d'un bouddha est de loin supérieure ! Mais pour tous ces bébés qui naissent, combien de bouddhas ?

Quand vous lâchez prise et que vous cessez de vous accrocher à vos propres opinions, idées, et préférences, alors vous prenez conscience de la Vérité, la réalité absolue, l'Un qui ne peut jamais changer. Quand vous êtes simplement assis sans rien faire, véritablement assis, sans rien chercher, sans compter ou suivre votre respiration, sans coller des étiquettes sur vos pensées, sans travailler sur un koan, mais seulement assis là ne faisant absolument rien, cela vous semble vraiment ennuyeux et difficile de temps en temps. Vous avez l'impression d'arriver nulle part et de ne rien accomplir. En fait, vous avez tout à fait l'impression de perdre votre temps ; rien d'excitant ou rien de nouveau ne se passe.

Vous êtes simplement confronté à la Vérité, qui est toujours ancienne. La Vérité existe depuis longtemps, bien plus longtemps que le bouddhisme. Elle a toujours existé ; elle existera toujours. Il n'y a qu'une seule Vérité, mais un nombre infini de mensonges ; c'est pourquoi lorsque nous demeurons dans la non-réalité, quand nous vivons dans le mensonge, c'est passionnant, comme une aventure pleine d'action au cinéma ou à la télévision. Mais la Vérité est très ancienne et plutôt ennuyeuse. Je vous dirais bien ce que c'est, mais j'ai oublié – cela m'est sorti de la tête !

Ceux qui ne vivent pas dans la Voie unique
échouent dans l'activité comme dans la passivité,
dans l'affirmation comme dans la négation.

Sosan Zenji explique ici comment nous vivons dans le mensonge, comment nous nous accommodons de la conspiration sociale : « Ne me dis pas la vérité et je ne te dirai pas la vérité ; ne me dis pas que je suis un imposteur et je ne te dirai pas que tu es un imposteur. » Qu'est-ce que nous avons tous à cacher ? Rendons la question plus intime, qu'est-ce que *vous* avez à cacher ? Qu'est-ce que c'est donc que vous ne voudriez pas que quelqu'un découvre ? La même chose que tout le monde essaie de dissimuler avec tant d'effort et tant d'énergie : que vous ne savez pas ! Et qu'est-ce que vous ne savez pas ? Qui vous êtes, ce que vous êtes ! Une fois que vous pouvez admettre cela, vous pouvez même vivre confortablement avec le fait de ne pas savoir.

Un jour Maezumi Roshi et moi voyagions au Japon dans le train à grande vitesse. Roshi était assis à côté de moi et il y avait un couple en face de nous. Le mari était membre du conseil d'administration du centre Zen de Los Angeles, en visite au Japon au même moment où Roshi et moi y étions. Sa femme n'était pas engagée dans le zen. Pendant que nous discutions, elle dirigea son regard vers Roshi et dit : « Vous savez, de tous les hommes que j'ai jamais rencontrés, vous êtes probablement le plus à l'aise avec le fait de ne pas savoir qui vous êtes. » La plupart d'entre nous sommes très occupés à dissimuler cela, en prétendant être quelque chose ou quelqu'un, souvent quelqu'un d'important ou d'exceptionnel ou d'intelligent ou de bon, dressant une sorte de façade. Quand nous sommes assis et que nous laissons simplement les pensées surgir et disparaître, nous commençons à voir : « Attends une minute, je n'avais jamais remarqué qu'il y avait un vide entre ces pensées ! Cela ne m'était jamais venu à l'esprit que peut-être je ne suis pas seulement ces pensées, je ne suis pas ce que je pensais être. » À ce stade, nous commençons à nous poser des questions. « Qu'est-ce que je pensais être tout compte fait ? »

Nous avons construit notre propre réalité et mis tous nos efforts et toute notre énergie à maintenir tout cela ensemble. Nous appelons cette réalité « la vie » ou « le bon sens » et nous participons à une conspiration sociale, un mensonge commun que nous sommes tous tacitement convenus d'appliquer dans la vie : « Les choses sont ainsi ! » Nous allons jusqu'à penser que chacun vit dans le même monde et voit les choses fondamentalement de la même façon que nous. Lorsque quelqu'un ne partage pas notre point de vue, nous sommes prêts à partir en guerre et capables de tuer parce que son point de vue est différent du nôtre. Nous avons des guerres entre nations et même entre différentes religions ou groupes ethniques sous prétexte de défendre des mensonges partagés.

Pourquoi est-ce que nous nous accrochons à tel point ? Pourquoi en faisons-nous une question de vie ou de mort ? Pourquoi préférons-nous souffrir misérablement plutôt que d'admettre que nous pourrions nous tromper ? Un jour quelqu'un m'a dit en entretien : « J'ai réalisé quelque chose d'étonnant : j'étais arrivé au bord du précipice, j'étais prêt à tomber, et puis j'ai pensé, " Mais, attends une minute, pourquoi est-ce que je saute dans l'inconnu ? Je ne veux pas ; je veux garder mon boulot ! " Je me suis rendu compte que c'était la seule chose qui me retenait : je ne suis pas prêt à abandonner ce que j'ai, même si cela peut être une erreur et un enfer à vivre – au moins c'est rassurant, sans risque, et familier. C'est comme une vieille chaise inconfortable, mais j'y suis habitué. Qu'est-ce qui m'attend ? Je ne sais pas ! »

Quand j'abandonne tout ce qui est familier, quand je lâche prise, quand je cesse d'essayer de comprendre, de tout calculer, je ne sais pas ce qui arrivera. Personne ne peut savoir à l'avance ; il est impossible de savoir de quoi sera faite la prochaine minute ou même la prochaine seconde. Pour atteindre la vérité, nous devons endurer nos peurs. La peur garde le passage vers la réalité, la peur de faire un pas lorsque vous êtes perché sur un poteau de trente mètres, la peur d'abandonner ce que nous croyons être, ce que nous chérissons, notre identité.

Nous devons renoncer à tout ce à quoi nous nous identifions. Et ensuite, quoi ? « Je ne serai plus personne, je ne serai rien ! » C'est exact ! Nous deviendrons réels, nous deviendrons ce que tout le monde est : un rien, un récipient vide. Accrochons-nous à nos identifications et nous ne recevons rien ; abandonnons-les et nous sommes remplis. Mais que faisons-nous d'habitude ? Nous nous cramponnons à notre petite existence, comme si notre vie en dépendait. Le sentiment est que si on lâchait prise réellement, on perdrait tout. Et si, en effet, on perdait tout ? Est-ce donc si merveilleux d'être confiné, emprisonné ? Est-ce que la cellule de prison de notre vie est vraiment si confortable ? L'avons-nous vraiment si joliment décorée ?

Quelqu'un me dit un jour : « Je regrette de ne pas avoir commencé la pratique du zen plus tôt, avant d'avoir pris sur moi toutes ces responsabilités, avant d'avoir une femme, un boulot et un emprunt-logement. » Bien sûr, c'est simplement éviter de regarder le problème en face. Il n'y a absolument rien qui nous limite ; c'est seulement ainsi en apparence. La restriction n'est que dans notre esprit. Il n'y a pas de restrictions, pas de barrières, pas de murs. Quand nous réalisons ce qui est le plus important, cette grande question, la grave question de vie ou de mort, alors nous réalisons également que rien ne pourra nous empêcher d'accomplir la Voie. Il n'y a pas de distance trop grande, pas d'océan trop vaste, pas d'hypothèque trop importante, pas d'épouse trop exigeante. Tous ces « problèmes » sont des excuses pour déguiser le fait qu'en réalité, nous ne sommes simplement pas prêts à le faire. Cela fait peur de tout abandonner, de tout lâcher. Dans quel sens, pour obtenir quoi ? « Est-ce que je vais en tirer quelque chose ? Est-ce que je comprendrai finalement quelque chose ? Est-ce que je gagnerai quelque chose de précieux ? L'illumination ? D'accord, super ! Je serai illuminé ! Je serai un bouddha ! » Quand vraiment vous perdez tout, vous gagnez tout, ce qui est, absolument rien.

Nier la réalité des choses
c'est passer à côté de leur réalité ;
affirmer la vacuité des choses
c'est passer à côté de leur réalité.

C'est très simple. Si nous tombons soit dans l'affirmation soit dans la négation, nous passons à côté. Cela explique pourquoi, chaque fois qu'un moine se trouvait face à face avec Tokusan, il se faisait battre, peu importe ce qu'il disait. Si nous disons un mot, nous l'affirmons, si nous ne disons pas un mot, nous le nions. Si nous affirmons et nions à la fois, c'est manqué aussi ; mais si nous n'affirmons pas et ne nions pas, nous échouons encore. C'est sans issue. Ce koan, les Trente Coups de Tokusan, est appelé l'Épée Meurtrière de Tokusan. Il n'y a pas moyen de gagner dans cette histoire. Si vous pensez pouvoir gagner, vous perdez ; mais si vous perdez véritablement, vous gagnez.

Quand vous arrivez au bout du rouleau, sans plus

aucun endroit où vous enfuir ou vous cacher, et que vous ne pouvez pas trouver de réponse ou même un endroit confortable pour vous reposer, quand vous êtes complètement désespéré, désillusionné et stupéfié, arrivé à ce stade vous reconnaissez que vous êtes très près, tellement près ! Vous pensez : « Tout au fond du gouffre, cela ne pourrait pas être pire. Je ne comprends rien. Cela fait quinze ans que je m'assois et j'en sais moins que jamais. Je ne sais pas ce qui s'est passé ; je ne sais pas où je vais ; je ne sais pas ce que tout cela signifie ; je ne sais même plus qui je suis ni pourquoi je suis là ni pourquoi je fais cela ! »

Félicitations ! Alors il ne vous reste plus qu'un tout petit pas de plus à faire et vous êtes en bas du poteau de trente mètres. Sautez ! Ne reculez pas, ne vous esquivez pas. Si vous abandonnez tout, vous recevez tout. Finalement vous ne perdez rien, sauf quelques idées et quelques opinions qui vous sont très chères.

Pourquoi avons-nous tellement peur, pourquoi acceptons-nous si difficilement que nos proches endurent ce qu'ils doivent endurer et affrontent ce qu'ils ont à affronter ? Nous disons que nous les aimons, mais est-ce que cela peut être de l'amour si nous essayons de les empêcher de se réaliser ? Après tout, nous n'allons probablement pas perdre notre conjoint si nous avons un mariage solide au départ, et nous sommes sur le point de gagner un être humain éveillé, un bouddha. Bien sûr, nous pouvons avoir peur de perdre la relation dans le processus, mais peut-être craignons-nous encore plus de sentir notre propre douleur en voyant la personne traverser ses angoisses – et combien redoutons-nous nous-mêmes la souffrance du changement ! La vraie compassion signifie d'avoir la confiance nécessaire pour rester complètement ouvert dans chaque situation, et l'assurance pour réagir en toute liberté, sans craindre d'être blessé ou de blesser les autres.

Tant de fois je suis allé voir Maezumi Roshi pour lui dire : « Telle ou telle personne souffre tant, que pouvons-nous faire ? » Il répliquait : « Laisse-la souffrir ! Laisse-la traverser cette souffrance ! » Et je pensais : « Que c'est cruel ! » Et pourtant, qu'est-ce qu'un bodhisattva sinon quelqu'un qui permet aux autres d'endurer ce qu'ils doivent endurer ? Toutes les autres personnes essaient d'enlever la souffrance, rafistolant la personne et lui tapotant le dos : « Tout va bien, mon petit, tout s'arrangera pour le mieux ! » Tout le monde conspire à dissimuler les choses.

Quand vous privez quelqu'un de sa douleur et de sa souffrance, vous le privez de sa vie, de sa liberté, de son indépendance, vous le rendez dépendant de vous. Cela est un piège pour les thérapeutes et les guérisseurs et pour les enseignants du zen également. Après tout, que serions-nous sans nos patients et sans nos disciples ? Pourtant nous pratiquons afin de pouvoir tenir sur nos propres jambes le plus vite possible, et ensuite d'aider les autres à en faire autant. Ironiquement, ce sont les personnes que nous chérissons le plus que nous privons de leur indépendance, parce que nous avons tendance à les couvrir et à les surprotéger.

Plus vous y pensez et plus vous en parlez,
plus vous vous éloignez de la vérité.

Essayer de saisir cela au moyen de la pensée est comme essayer de contenir tout l'océan dans un verre. La pensée est si limitée, alors que l'Esprit Un est vaste et immense comme l'espace illimité. Les pensées ou les mots ne peuvent l'atteindre en aucune façon. Tout ce que nous pouvons faire, c'est nous asseoir paisiblement, arrêter de chercher à l'extérieur de nous-mêmes et tourner notre regard vers l'intérieur, laisser tomber nos chères opinions sur la réalité, sur nous-mêmes, sur notre propre importance. Lorsque nous sommes assis, nous commençons à voir notre énorme ego partout. Nous commençons à réaliser à quel point nous sommes avides et égocentriques.

Arrêtez de parler et de penser
et il n'y a rien que vous ne puissiez connaître.

Demeurez dans le non-savoir, résidez dans cet espace ouvert. Quand vous ne savez rien, vous savez *tout* ! Est-ce que vous êtes inquiet de savoir comment vous allez vous débrouiller demain ? Qu'est-ce que vous allez faire ? N'en sachez rien ! Demain prendra soin de lui-même. Soyez simplement totalement présent et attentif maintenant, ici, et ne sachez rien. Vous pourrez alors réagir de façon appropriée à n'importe quelle situation qui se présentera. Vous n'avez pas besoin de règles ou de conventions pour faire cela. Tout ce qu'il vous faut, c'est la confiance en vous-même. Si vous vous cramponnez à des règles, vous allez vous ligoter, vous restreindre et détruire votre liberté. Si vous voulez être libre, lâchez tout ce qui vous lie, tous les *il faut* et *il ne faut pas*, tous les *fais ceci* et *ne fais pas cela* ; « Je ne peux pas faire cela, je ne dois pas faire cela, je ne devrais pas faire cela, je n'ose pas faire cela. »

Retourner à la racine, c'est trouver le sens,
mais courir après les apparences,
c'est manquer la source.

Lorsque nous dirigeons l'esprit vers l'intérieur, cela s'appelle « retourner à la racine ». Trouvez votre source, la racine même de votre propre existence. Observez, n'y réfléchissez pas ou n'essayez pas d'y comprendre quelque chose, dirigez juste votre propre lumière vers l'intérieur et pénétrez jusqu'au cœur même, jusqu'au tréfonds, jusqu'à l'essence même de votre être. Soyez intime avec cette source, soyez un avec elle, vous demeurez alors dans le non-savoir. À ce stade, plus rien n'est connu ; tout ce qui est connu devient déjà deux, suppose déjà une dualité. Dans cette Vérité unique, il n'y a pas de division entre celui qui sait et ce qui est su, entre sujet et objet ; il y a juste l'Un, votre véritable nature, votre moi réel.

À l'instant de l'illumination,
apparence et vacuité sont dépassées.
Les transformations apparentes du monde vide,
nos vues fausses les croient réelles.

Tous les changements, les allées et venues, que nous croyons si réels – tous nos chagrins d'amour et nos bouleversements et nos émotions – nous les appelons seulement réels à cause de notre ignorance, parce que nous ne voyons pas la vraie réalité. Nous sommes prisonniers des apparences.

Ne cherchez pas la vérité ;
cessez seulement de chérir vos opinions.

Comment peut-il nous dire de ne pas chercher la vérité ? Parce que si vous recherchez quoi que ce soit, même la vérité, vous vous êtes déjà égaré. Dès le moment où vous commencez à chercher, vous avez quitté votre propre demeure, vous avez quitté le siège du bouddha. Lorsque vous êtes assis sur votre coussin de méditation, vous êtes assis sur le siège du bouddha, le siège de Celui qui a atteint l'Éveil. Vous *êtes* la Vérité. Le Christ l'a dit : « Je suis le Chemin », mais il a été mal compris. Vous *êtes* le Chemin. *Vous* êtes la Vérité, le Dharma, le bouddha. Ne cherchez pas à l'extérieur de vous-même.

Le jour de l'an, nous avions coutume au centre Zen de Los Angeles d'aller nous recueillir sur la tombe de Senzaki Sensei, le premier maître zen japonais à s'établir en Amérique. Il débarqua sur le continent avec Soyen Shaku Roshi et D.T. Suzuki vers 1891 et fut le premier maître de Aitken Roshi. Sur sa pierre tombale est inscrite une ancienne parole du Bouddha qui exprime cette vérité à merveille : « Ne placez pas une autre tête au-dessus de la vôtre. »

À chaque instant de chaque jour de votre vie, vous manifestez la vraie réalité, seulement vous ne le réalisez pas. Nous pratiquons pour le réaliser, mais nous pratiquons aussi parce que c'est notre Voie. C'est la réalité, et c'est la réalisation. Quand vous prenez la posture de zazen, votre vraie nature est en train de se réaliser. Quand vous êtes simplement assis là, sans vous accrocher à vos opinions, sans vouloir retenir ce qui va et vient, vous êtes en complète réalisation.

Pendant de nombreuses années, Mullah Nasrudin traversa souvent la frontière entre la Turquie et la Hongrie avec un âne chargé de foin. Les garde-frontières étaient sûrs qu'il trafiquait quelque chose, mais ils ne savaient pas quoi. Ils faisaient des fouilles de plus en plus rigoureuses. Ils inspectaient le foin, ils regardaient même dans la gueule de l'âne, mais ils ne trouvaient jamais rien.

Un jour, un des vieux garde-frontières, qui était à la retraite, entra dans un bar et trouva là Mullah en train de boire et de s'amuser, alors il décida de trouver la réponse au mystère. Il s'approcha de Nasrudin et lui dit : « Pendant quinze années tu nous as laissés perplexes. Nous savons que tu faisais de la contrebande. Alors écoute-moi, je ne suis plus de la patrouille frontalière. Tu as ma parole d'honneur que je ne te dénoncerai pas, mais pour le repos de mon esprit, tu dois me dire : qu'est-ce que tu trafiquais ? – Des ânes ! » répondit Mullah.

La Vérité est la chose la plus évidente, mais nous la cherchons toujours comme une aiguille dans une botte de foin. Lorsque vous voyez la Vérité, rien ne change. Un arbre est toujours un arbre, une montagne est une montagne. Comme disait une fois Maezumi Roshi : « Je n'en crois pas mes yeux de voir toute la souffrance et la frustration que les gens traversent, seulement pour réaliser qu'une table est une table, une chaise est une chaise. »

4.

Demeurer en paix dans la Voie.

Ne demeurez pas dans l'état dualiste ;
évitez soigneusement de le poursuivre.
S'il y a la moindre trace
de ceci ou de cela, de bien ou de mal,
l'Esprit se perd dans la confusion.
Toutes les dualités proviennent de l'Un,
pourtant ne vous attachez même pas à cet Un.
Quand l'esprit demeure en paix dans la Voie,
il n'y a rien au monde qui ne soit inoffensif,
Et lorsqu'une chose ne peut plus offenser,
elle cesse d'exister à la façon ancienne.

Ne demeurez pas dans l'état dualiste ;
évitez soigneusement de le poursuivre.

Le point clé ici est de cesser de voir les choses de façon dualiste, de nous libérer de toute idée dualiste et ultimement de la conscience dualiste elle-même. Ce processus commence par l'assise. Si nous sommes constamment en train de juger notre assise : « Oh, cette assise était nulle, » ou « Mon assise n'est pas aussi bonne que lors de la dernière période ou lors de la dernière retraite, » ou « Je ne devrais pas avoir ce genre de pensées, je ne devrais pas avoir ces fantasmes ou ces sentiments, » ou « Je ne devrais pas penser du tout », là nous sommes précisément enfermés dans l'état dualiste. Notre zazen consiste à pratiquer la non-pensée et si nous sommes assis là à nous réprimander, ce n'est certainement pas pratiquer la non-pensée. Quand nous permettons simplement à la fonction naturelle de l'esprit de se produire, alors des pensées surgissent, tout comme des bulles montent à la surface de l'eau. C'est cela, la fonction naturelle de l'esprit, tout comme la fonction naturelle de l'océan est d'avoir des vagues.

Si nous pouvons laisser nos pensées tranquilles, sans leur accorder d'importance particulière en les aimant ou en les détestant, sans nous y accrocher ou sans les rejeter, si nous acceptons simplement d'être de l'espace vide, de l'espace infini, où n'importe quelles pensées peuvent aller et venir, alors elles s'évanouiront simplement d'elles-mêmes. Tout comme les vagues vont et viennent, s'élevant et retombant, tout comme des bulles montent à la surface et éclatent, ainsi les pensées apparaîtront et disparaîtront.

Notre esprit dans son état naturel est comme un miroir, qui réfléchit simplement ce qui se présente devant lui. Ce qui apparaît dans l'esprit n'est pas séparé de lui. Esprit et objets ne sont pas deux. Tout n'est qu'Esprit ; mais cet Esprit n'est pas le petit esprit égoïste, très limité dans ses perspectives et ses capacités, auquel nous nous identifions normalement.

Comment nous retrouvons-nous piégés dans ce petit esprit étriqué ? Sans le savoir ou en le sachant, nous

nous sommes construit au cours de nombreuses années une position fixe, faite de croyances et d'habitudes. On nous a appris dès notre tendre enfance comment agir dans chaque situation et quels points de vue adopter. Quand nous entrons dans un magasin, quand nous nous rendons à une galerie d'art ou que nous allons voir un film ou une pièce de théâtre, nous sommes censés avoir des opinions à propos de tout. Et chaque fois que nous rencontrons d'autres personnes, nous sommes censés former des jugements à leur égard. Notre vie est presque entièrement faite d'attitudes et de comportements inconscients qui gouvernent tout ce que nous faisons, depuis la façon dont nous nous brossons les dents jusque dans nos relations avec les autres.

Quand nous nous asseyons dans une situation rituelle, telle qu'une retraite de méditation, il nous est plus facile de voir ces schémas de pensée et d'action qui habituellement restent inconscients. Si nous avons une structure, avec certaines règles et certaines conventions, qui nous aide à ralentir et à nous regarder en face, alors il devient plus difficile de ne pas remarquer les nombreuses occasions dans lesquelles nous pensons, ressentons et agissons automatiquement.

Un jour alors que je participais à une retraite de méditation, on nous demanda d'observer cinq préceptes pendant notre séjour. L'un d'eux était de ne rien prendre qui ne vous appartienne pas ou qui ne vous ait pas été donné. J'avais justement oublié mon dentifrice, donc pendant deux ou trois jours je me suis brossé les dents sans dentifrice. Puis j'ai remarqué le tube de dentifrice d'un camarade de chambre, qui se trouvait là sur le comptoir. J'ai pensé : « Si j'utilise un petit peu de son dentifrice, cela ne le dérangera pas. Je suis sûr que s'il était là il m'en donnerait. » J'avais presque fini d'étaler le dentifrice sur ma brosse quand j'ai réalisé que j'étais en train de briser le vœu que j'avais pris.

Ordinairement dans des situations de la vie comme celle-ci, nous nous disons : « Et alors ? Personne ne me regarde et cela ne dérange vraiment personne. Quelle différence est-ce que cela fait ? » Mais, nos gros problèmes sociaux ne sont-ils pas la somme de ces innombrables « et alors » ? « Et alors, si je triche et je vole ! », « Et alors, si je viole et je tue ! » Où traçons-nous la limite entre un « et alors » qui est trop insignifiant pour s'en inquiéter, et un autre qui est assez grave pour avoir de l'importance ?

Notre pratique est de devenir conscients et attentifs, de nous réveiller. Ce n'est pas suffisant d'être conscients seulement quand nous faisons zazen, nous devons devenir attentifs vingt-quatre heures sur vingt-quatre. Si l'esprit éveillé ne se prolonge pas dans la vie de tous les jours, alors de qui se moque-t-on ? Que faisons-nous donc là, assis en zazen ? Nous soumettre à une épreuve masochiste de douleur dans les jambes ? Nous sommes ici pour nous éveiller, pour atteindre la conscience panoramique, *anuttara samyak sambodhi*, le suprême état d'Éveil, la sagesse ultime.

La prise de conscience commence souvent par le fait de remarquer ce que nous faisons, immédiatement après que nous l'avons fait. C'est un début – au moins nous le remarquons à ce moment-là. Dans le feu d'une discussion avec notre petit(e) ami(e), notre mari ou femme, nous ne réalisons pas ce qui est en train de se passer, à quel point nous sommes pris dans notre propre point de vue. Le soir même, si nous nous asseyons pour faire zazen, l'incident se déroule à nouveau dans notre esprit. Nous nous demandons alors : « À propos de quoi est-ce que je me disputais ? Pourquoi est-ce que j'étais si déterminé à avoir raison ? Pourquoi est-ce que j'ai causé un tel problème, une telle misère pour nous deux ? » Si nous ne sommes pas encore assez éveillés pour le remarquer et prendre du recul au moment même où cela se produit, au moins pouvons-nous le remarquer quand nous sommes assis sur le coussin. Bien sûr, si nous ne nous asseyons jamais, nous pouvons continuer à être inconscients indéfiniment et à ne jamais nous en rendre compte.

Au fur et à mesure que nous devenons plus attentifs, plus vigilants, nous allons en prendre conscience au moment où la dispute est terminée. Nous n'aurons plus à attendre le moment où nous sommes assis sur le coussin pour réaliser : « J'étais complètement concentré sur moi. J'étais vraiment attaché à ma position. Je vais aller m'excuser. » Peut-être avons-nous simplement dit la vérité à quelqu'un, mais de façon très maladroite. Nous remarquons comment nous aurions pu le dire avec plus de tact, d'une façon telle que la personne n'aurait pas eu besoin de prendre une position défensive.

Mon maître a toujours souligné ceci : la manière de dire les choses fait toute la différence du monde – qu'on le dise avec un cœur compatissant ou avec insensibilité, venant d'un état d'esprit égoïste. Nous sommes testés sur ce point vingt-quatre heures par jour, et nous nous demandons pourquoi nos relations ne marchent pas. Peu importe combien de stages de communication nous avons suivis, s'il y a communication sans conscience ni sensibilité, cela ne sert pas à grand-chose pour les autres. La question essentielle est de voir combien nous sommes sensibles et conscients dans la vie de tous les jours. Voilà ce que cela veut dire, être un bouddha : être éveillé vingt-quatre heures sur vingt-quatre, même quand on dort.

Une personne éveillée, ce n'est pas quelqu'un qui a eu simplement une certaine expérience, puis qui continue à vivre sa vie inconsciemment, insensiblement, sans faire attention. Vous voyez quelqu'un en difficulté dans la rue, pendant que vous vous promenez, vous prenez le temps de vous arrêter, d'aller vers lui, et de voir quel est le problème, c'est cela être conscient, c'est cela répondre à la situation. Lorsque vous êtes complètement absorbé par vos propres pensées et problèmes, enfermé dans vos émotions, il est fort probable que vous ne verrez même pas qu'une autre personne est dans le besoin.

Notre pratique c'est de ne pas être absorbés en nous-mêmes. Notre pratique n'est pas de nous asseoir sur le coussin seulement pour nous perdre dans nos propres pensées et émotions. Certes, nous devons faire l'expérience des pensées et des émotions. Nous ne devons pas les repousser hors de notre conscience, mais nous n'avons pas besoin de nous laisser absorber par elles. Notre pratique est de dégager l'espace pour que ces pensées et ces émotions puissent surgir et puis se disperser, se dissoudre, disparaître d'elles-mêmes. Lorsqu'elles surgissent, il y a simplement attention, simplement conscience sans jugement, on ne se dit pas : « Cette pensée est pourrie » ou : « Celle-ci est formidable ; il faut que je m'en souvienne. »

S'il y a la moindre trace
de ceci ou de cela, de bien ou de mal,
l'Esprit se perd dans la confusion.

Juste la pensée qu'elle ou lui n'est pas moi, juste l'idée que l'arbre et moi sommes séparés, cela suffit pour que la pensée dualiste entre en jeu et que la confusion s'installe. Quand vous êtes assis en *shikantaza*, laissez l'esprit et le cœur inclure tout. N'excluez rien ni personne. Acceptez tout ce qui surgit. Lorsque vous êtes assis, ne vous concentrez pas sur une chose en en excluant d'autres, gardez simplement l'esprit éveillé, vigilant et attentif. Vous pouvez vous concentrer sur le simple fait de tout laisser passer. Concentrez-vous sur le fait de garder l'esprit et la posture ouverts, de laisser l'esprit se reposer dans la paume de la main gauche, sans créer de barrières artificielles et sans rien exclure. Maintenez simplement l'esprit vigilant et attentif mais sans qu'il s'attarde quelque part en particulier, permettant simplement aux choses d'être. Plus vous êtes capable de garder le corps immobile, plus l'esprit a une chance de s'apaiser.

Toutes les dualités proviennent de l'Un,
pourtant ne vous attachez même pas à cet Un.

Tout surgit du Un, de l'Esprit Un. Les arbres, les montagnes, le ciel bleu, les nuages, toutes les pensées et les émotions, ne vous attachez à rien de tout cela, et ne vous attachez pas non plus à l'expérience de l'Unité. Restez simplement dans le non-attachement à tout ce qui surgit, sans avoir de préférences.

Quand l'esprit demeure en paix dans la Voie,
il n'y a rien au monde qui ne soit offensif,
Et lorsqu'une chose ne peut plus offenser,
elle cesse d'exister à la façon ancienne.

Pensez avec quelle facilité nous nous sentons contrariés ou offensés lorsque quelqu'un corrige notre posture ou lorsqu'on nous dit que nous faisons quelque chose incorrectement. Lors des retraites de méditation nous avons l'occasion d'observer notre esprit, notre comportement, notre façon de réagir au monde extérieur. Nous avons une chance de voir avec quelle facilité nous résistons ou nous nous mettons en colère. Ce qui va faire vraiment la différence, c'est ce que nous allons faire de cette colère ou de cette résistance, si nous allons simplement les remarquer pour les lâcher tout de suite après, ou si nous allons nous y accrocher pendant quelques jours ou plus. Si nous nous y accrochons, il y aura une personne qui va indubitablement souffrir, et peut-être beaucoup plus qu'une.

Un jour, je discutais avec ma mère dans un restaurant, nous parlions des gens religieux. Ma grand-mère les haïssait tous – les prêtres, les rabbins, toutes les sortes de religieux. Le père de ma grand-mère fut un rabbin qui aimait méditer, prier, étudier la Torah, et enseigner. Mais comme il n'aimait pas passer du temps en famille, ma grand-mère s'est sentie négligée. En conséquence, toute sa vie, elle a méprisé les gens religieux, sans pour autant reconnaître la cause de son mépris. (Dieu merci, elle ne me considère pas comme une personne religieuse !) Je dis à ma mère : « Pourquoi tu ne lui pardonnerais pas à ton grand-père ? Tu portes avec toi la haine de ta mère depuis si longtemps ! » « Je ne pourrai jamais faire ça, répondit-elle. – Mais qui en souffre ? demandai-je. Est-ce qu'il souffre de ça ? Est-ce que c'est lui que tu rends malheureux ? Est-ce que tu te rattrapes ? Il y a soixante-dix ou quatre-vingts ans qu'il est mort ! »

Notre pensée n'est pas claire. Nous persistons dans notre haine et notre ressentiment sans voir que celui à qui nous faisons réellement du mal, c'est nous. Lorsque nous pouvons simplement lâcher prise et pardonner à l'autre, c'est à nous-même que nous rendons service. Et qu'est-ce que cette pratique, sinon de lâcher prise, de s'abandonner ? Qu'est-ce que le vrai zazen, sinon ce processus même d'être ouvert, ce processus de continuer de lâcher prise et d'abandon à chaque instant ? Mais s'abandonner à quoi ? Peu importe comment on l'appelle : Dieu ou le Tao ou le Dharma ou le bouddha ou notre vraie nature. De toute façon, ce ne sont que des concepts. C'est l'action même de lâcher prise, de s'abandonner, qui est importante. L'action même de lâcher prise nous ouvre complètement.

Que faut-il pour s'abandonner ? La confiance. La foi. Nous devons avoir la foi que lorsque nous allons lâcher prise, nous n'allons pas réellement devenir fous ou mourir. Tout ce qui se passe, c'est que nous abandonnons corps et esprit, mais juste avant que ça se passe, nous avons l'impression de perdre la raison. Et c'est vrai : nous perdons l'esprit ! C'est bien de cela qu'il s'agit : de nous permettre d'aller au-delà de l'esprit, d'arrêter d'être dans notre esprit. Le problème de la société occidentale est que nous vivons dans notre tête – c'est la raison pour laquelle nous créons un tel gâchis ! Les chiens et les chats et les arbres ne vivent pas dans leur tête. Les arbres et les animaux n'engendrent pas un tel chaos.

Qui est en train de bouleverser tout l'équilibre de la nature ? Qui détruit la couche d'ozone ? Qui est en train de raser toutes les forêts ? Qui est capable de détruire toute la planète ? Qui, sinon nous, grâce à la technologie même que nos formidables capacités mentales ont produite ! Il n'y a rien de mal à posséder d'étonnantes capacités mentales, mais dans notre cas, c'est comme de donner un couteau très aiguisé à un jeune enfant. Nous n'avons pas encore la maturité pour utiliser correctement notre esprit.

Notre système d'éducation est complètement déséquilibré. J'y ai enseigné pendant huit ans et j'en ai fait l'expérience de première main. Nous enseignons seulement à la tête, avec peut-être vingt minutes pour le corps, et rien du tout pour l'ensemble de la personne. Pour arriver à faire un petit exercice de méditation dans une école publique, j'ai dû l'appeler « exercice de concentration, » et seulement à ce moment-là c'était permis. Si je l'avais appelé « méditation », cela aurait été associé à la religion et, bien sûr, vous ne pouvez pas enseigner la religion dans les écoles publiques occidentales. Le zazen va bien au-delà de la religion, mais il n'y a pas beaucoup de personnes qui comprennent cela.

Lorsque nous étions au Japon et que nous sommes allés voir le *zenji*, l'équivalent du pape dans la hiérarchie du zen Soto, il demanda en japonais : « Est-ce qu'il y a quelqu'un parmi les non-Japonais qui comprenne notre langue ? » Les Japonais qui étaient présents lui assurèrent que nous ne comprenions rien. Il fit alors la déclaration suivante en japonais : « Les esprits occidentaux ne pourront jamais saisir le vrai *shobo* (le vrai Dharma), ils sont trop objectifs. » Il voulait dire que nous nous voyons nous-mêmes comme sujet et tout le reste comme objet.

Il avait raison. La civilisation occidentale est responsable de la pollution de notre environnement et pourrait facilement détruire la planète, précisément à cause de cette façon dualiste de percevoir les choses. L'esprit oriental a tendance à être beaucoup plus en harmonie avec la nature. Il voit plus la nature comme un tout, non pas comme une chose à part et séparée de l'esprit qui essaie de conquérir et de dominer la nature. Les Amérindiens sont pareils à cet égard, beaucoup plus en accord avec la nature, avec la Voie. Dans notre société occidentale nous sommes complètement en désaccord avec l'ordre naturel des choses. Bien sûr, dans les années récentes, l'Orient s'est mis à absorber et à imiter cet esprit occidental déséquilibré.

Le *zenji* disait que l'esprit occidental est simplement trop coincé dans la façon objective de percevoir les choses pour pouvoir un jour saisir le vrai Dharma. Parmi les Occidentaux, il y en avait un qui parlait presque couramment japonais, et par lui, j'ai appris ce que le *zenji* avait dit. Ce soir-là nous avions rendez-vous avec quelques autres personnalités importantes du Soto, qui étaient juste en dessous du *zenji* dans la hiérarchie, tous des roshis âgés de plus de cinquante ans. Ils eurent l'occasion de nous poser des questions, mais puisqu'ils n'avaient pas vraiment envie de le faire, j'ai pris la parole : « Cet après-midi, lors de notre rencontre avec le *zenji*, celui-ci a dit que l'esprit occidental ne pourrait jamais saisir le vrai *shobo*, la vraie essence de Dogen Zenji. » À ce moment-là, avec mon côté jeune et immature, j'ai ajouté : « Je dois admettre avec le *zenji* que probablement nous ne pouvons pas saisir le vrai *shobo*, mais qu'en est-il de l'esprit japonais ? Est-ce que lui, il peut saisir le vrai *shobo* ? »

Même si la question a dû sembler arrogante, elle était valide. Tout d'abord, est-ce que le vrai *shobo* peut être saisi, que ce soit par un esprit oriental ou par un esprit occidental ? Est-ce que l'esprit peut saisir l'Esprit ?

Autrement dit, pour être concret, est-ce que nous pouvons vraiment vivre vingt-quatre heures par jour selon l'enseignement de Dogen Zenji ? Pratiquement personne n'a pu être à la hauteur de ses normes. Il n'a donné son approbation qu'à une poignée de Patriarches avant lui. Je doute fort qu'il donnerait son approbation à un seul d'entre nous qui se promène sur cette planète aujourd'hui.

Récemment, j'ai dû me prosterner devant le *zenji* en signe d'appréciation. C'est réellement un vrai maître. Il m'a pris à l'hameçon. Maintenant je suis absolument déterminé à ce que nous manifestions le vrai *shobo* en Occident, même si c'est la dernière chose que nous ferons ! L'enseignement ne périra pas, et ce vieil homme s'en est bien assuré.

5.

Les objets disparaissent, l'esprit disparaît.

Plus de pensée discriminante,
et l'esprit ancien cesse d'exister.
Lorsque les objets disparaissent,
le sujet disparaît aussi ;
lorsque l'esprit s'évanouit, les objets s'évanouissent.
Les choses sont objets
parce qu'il y a sujet ou esprit ;
et l'esprit est sujet parce qu'il y a objets.
Comprenez la relativité des deux
et la réalité fondamentale : unité du vide.
Dans ce vide, les deux sont indifférenciés
et chacun contient en soi le monde entier.
Si vous ne distinguez pas entre le fin et le grossier,
vous ne serez pas tenté par le pour et le contre.

Plus de pensée discriminante,
et l'esprit ancien cesse d'exister.

En l'absence de pensées discriminantes, l'esprit tel que nous le connaissons cesse d'exister. Notre souffrance – notre sentiment de malaise, d'aliénation, de solitude – surgit parce que nous créons une façon dualiste de tout percevoir qui nous sépare du monde extérieur. Lorsque nous considérons le soi-disant monde phénoménal extérieur comme distinct de nous-mêmes, à ce moment-là surgit la peur, peur que nous allons perdre notre vie, que nous n'allons peut-être pas continuer d'exister. De cette peur naissent colère, jalousie, avidité, aversion, attachement – toutes sortes de façons de s'accrocher. Tous nos problèmes viennent du fait que nous nous voyons comme des entités séparées. Nous nous accrochons à ce que nous percevons comme *moi* : *mon* corps physique et *mes* idées, *mon* esprit, *mes* pensées, *ma* compréhension, *mes* croyances, *mes* concepts, *mes* opinions.

Le troisième Patriarche nous dit de cesser de chérir nos propres opinions et de ne plus nous accrocher à nos préférences personnelles. Quand nous arrêtons de nous accrocher à nos goûts et dégoûts, à notre attachement et notre aversion envers tout et tout le monde, alors l'esprit tel que nous le connaissons cesse d'exister. Voilà ce qui s'appelle lâcher l'esprit ou oublier le moi. Lorsque nous oublions notre moi, alors n'importe quel objet du monde extérieur cesse d'exister de la façon qui nous est familière, c'est-à-dire comme objet séparé à l'extérieur de nous. À ce moment-là tous les objets ne sont rien d'autre que nous-mêmes : les montagnes, les arbres, les rochers, l'herbe, le ciel bleu, la lune – tout est l'Esprit Un, l'Esprit de bouddha. Tout ce qui existe, tout ce qui arrive, non seulement les objets matériels mais aussi les pensées et les émotions, tout n'est rien d'autre que l'Esprit, rien d'autre que le Bouddhadharma. Nous pouvons l'appeler Dieu ou la source ou notre vraie nature.

Quel que soit le nom qu'on lui donne, tout est Un, l'Esprit Un. Joshu, le célèbre maître zen chinois, l'appela *mu*. Lorsqu'un moine lui demanda : « Est-ce qu'un chien a la nature de bouddha ? » Joshu répondit : « *Mu* ! » Le koan, « Qu'est-ce que *mu* ? » donne aux disciples zen l'occasion de réaliser l'Esprit Un directement.

Une fois que la transformation intérieure a eu lieu, tout attachement tombe. Le besoin de s'accrocher et l'aversion disparaissent. L'aversion n'est en réalité qu'une autre façon de s'accrocher. Si je n'aime pas ce que vous êtes, c'est parce que je suis attaché à une image qui vous veut différent. Mon aversion contre vous est simplement la face opposée de mon attachement à l'image idéale de vous que j'ai dans mon esprit. Ceci est la cause de la plupart de nos problèmes relationnels, nous tenons ferme aux images que nous avons sur la façon dont nous voudrions que notre femme, notre mari, nos enfants ou nos parents soient. À cause de ces images que nous chérissons, ces gens ne peuvent jamais être à la hauteur de nos attentes. S'ils l'étaient, ils ne seraient pas fidèles à eux-mêmes. Ils vivraient dans le mensonge en essayant de se plier à l'image que nous avons d'eux.

Qu'est-ce que nous pouvons faire alors ? Est-ce que nous devons continuer à essayer de changer tout le monde ? Ou bien, est-ce que nous pourrions faire ce qui est le plus simple et le plus direct : laisser tomber nos idées préconçues, nos images et nos conceptions de la façon dont les autres devraient être ? Nous pourrions alors laisser aux autres l'espace d'être simplement ce qu'ils sont. Et lorsque nous acceptons réellement les autres exactement comme ils sont, une très grande confiance surgit. La rencontre avec quelqu'un qui nous fait à tel point confiance nous permet de croire en nous-mêmes, d'accepter au niveau le plus profond que nous sommes O.K. Et si nous ne sommes pas O.K., c'est très bien aussi. J'ai toutes sortes de conduites répétitives. J'ai des attachements et des aversions, des caprices et des manies. Et alors ? Nous en avons tous. Plus nous nous acceptons et plus nous avons confiance en nous, plus nous voyons que *cela* – la nature de bouddha, le vrai moi, la source, Dieu, le maître, l'illumination, appelez-le ce que vous voulez – c'est *moi* !

Le revers de la médaille est que je ne suis pas *cela*. Ce que nous définissons normalement comme étant nous, ce corps et cet esprit particuliers, n'est pas *cela*. La lumière, le divin, la nature de bouddha, peu importe comment nous l'appelons, vient seulement *à travers* moi, comme cela vient à travers vous. Lorsque nous laissons tomber l'attachement au corps et à l'esprit, il n'y a plus de distinction entre *cela* et le moi. Comme le dit le troisième Patriarche, toute distinction que nous faisons crée une séparation infinie entre le ciel et la terre. Si nous nous attachons à la notion que « je suis cela », alors nos egos se gonflent et nous devenons très arrogants. Nous devons éviter de nous accrocher à l'expérience de l'illumination, à la réalisation d'être *cela*. Cela s'écoule à travers moi ; je suis juste un conduit.

Qu'est-ce que c'est que tous ces trucs que nous appelons le moi ? Simplement nos propres opinions, idées, croyances, conceptions, goûts et dégoûts : j'aime cette fille, je déteste ce garçon ; je veux ça, je ne veux pas ça. Toutes ces distinctions ne visent que mon propre intérêt. Lorsque nous arrêtons de chérir de telles opinions, cela s'appelle vider la coupe. Et il ne suffit pas de simplement vider la coupe : il faut crever le fond même ! Pourquoi ? Pour que le Dharma puisse s'écouler. Il ne suffit pas de simplement recevoir l'enseignement, de nous remplir d'autres distinctions étiquetées Dharma. Nous devons être totalement ouverts, sans fond. Comment ? En nous asseyant constamment et en cessant continuellement de chérir des opinions pour et contre tout. Lorsque nous arrêtons de tenir à nos préférences, notre vie se déroule harmonieusement et sans à-coups, parce qu'à ce moment-là nous sommes en accord avec le Dharma.

Lorsque les objets disparaissent,
le sujet disparaît aussi ;
lorsque l'esprit s'évanouit, les objets s'évanouissent.

Quand nous regardons avec l'esprit à l'intérieur de l'esprit, nous rassemblons vers l'intérieur la lumière qui normalement est diffusée à l'extérieur. Nous voyons une belle femme ou un bel homme et tout de suite après nous sommes distraits de la simple expérience de les voir. La convoitise et l'envie physique entrent en jeu : nous rêvons de la ou de le posséder, en tenant à l'objet de notre désir. Notre esprit réagit de cette façon chaque fois que nous sommes titillés par l'un des six sens : la vue, l'ouïe, l'odorat, le goût, le toucher et la pensée.

Si nous avons une pensée merveilleuse, nous la chérissons et nous nous y accrochons ; mais si nous avons une pensée horrible, une pensée de haine ou de meurtre, nous nous détestons pour cela. Si nous voyons quelque chose de laid, si nous sentons une mauvaise odeur, immédiatement nous avons un mouvement de rejet. Pourquoi ne pouvons-nous pas simplement écouter, simplement voir, simplement avoir des pensées, simplement sentir ; simplement travailler, simplement être assis, simplement écouter, sans ajouter nos jugements – ne serait-ce pas beaucoup plus facile ?

Les choses sont objets
parce qu'il y a sujet ou esprit ;
et l'esprit est sujet parce qu'il y a objets.

En d'autres termes, le sujet et l'objet sont en relation ; l'un ne peut pas exister sans l'autre. Il n'y a pas de sujet sans objets comme références, pas de moi sans autre chose que le moi. Pour cette raison, si je veux réellement exister, je dois vous inventer là-bas séparé de moi, comme quelque chose que je peux posséder, telle que ma femme ou mon fils ou ma fille ou mon disciple. Le moi et l'objet se renforcent mutuellement. Laissez tomber l'un et l'autre disparaît. Peu importe lequel des deux nous laissons tomber. Lâchez le moi et les objets disparaissent. Cessez de vous concentrer sur les objets et le moi disparaît. Le corps et l'esprit lâchent.

Toutes les dualités fonctionnent de cette façon. La vie et la mort forment ensemble une dualité. À partir du moment où vous venez au monde, vous allez mourir. La mort est donc engendrée à partir du moment où la vie voit le jour. Si quelqu'un n'est pas né, il ne meurt pas. La vie et la mort sont inséparables, c'est un continuum. La vie contient la mort et la mort inclut la vie. Quand vous mourez, votre renaissance a déjà commencé. Et pourtant la vie c'est la vie, et la mort c'est la mort. Alors tant que nous sommes en vie, pourquoi ne pas juste vivre, et quand nous mourons, pourquoi ne pas juste mourir ? Tant que nous sommes en vie, pourquoi nous inquiéter de mourir ? Si nous avons quelques vieux vêtements usés, nous nous en débarrassons – pourquoi nous y attacher? Quand il est temps pour ce corps de redevenir poussière, abandonnez-le simplement.

Le plus beau cadeau que quelqu'un peut recevoir c'est d'être libéré de la peur. C'est pour cela que nous pratiquons : pour lâcher toute peur avec la clarté de ce que nous appelons la *prajna*, pour regarder en profondeur la question de la vie et de la mort. Abandonnez la peur de mourir, la peur de vivre, la peur de faire et la peur de ne pas faire. Nous avons peur de faire et peur de ne pas faire, peur de juste nous asseoir et également peur d'agir, de nous jeter corps et âme dans notre vie.

Pourquoi avons-nous si peur? Si vous vous investissez totalement dans une activité, vous disparaissez dans cette activité, vous vous dissolvez. À ce moment-là, il n'y a plus de moi. L'existence à laquelle nous sommes habitués est comme un demi-coma, une paralysie; nous sommes trop effrayés pour vivre vraiment et nous sommes trop apeurés pour mourir. Lorsque nous renonçons à la peur de mourir, nous n'avons plus peur de vivre non plus, et nous pouvons enfin vivre pleinement. Et quand vient le temps de mourir, à ce moment-là c'est juste une autre partie de la vie également. Nous pouvons complètement lâcher prise et mourir de tout cœur. Vivre vraiment, c'est lâcher corps et esprit à chaque moment; laisser exister toutes les choses telles qu'elles sont; tout relâcher, ne plus être attaché à aucune préférence.

Comprenez la relativité des deux
et la réalité fondamentale : unité du vide.
Dans ce vide, les deux sont indifférenciés
et chacun contient en soi le monde entier.

La vie contient tout. La mort contient tout. Chaque chose contient tout. Si nous nous concentrons sur notre moi, le monde entier n'est rien que ce moi. Si votre attention est sur l'autre, alors le monde entier n'est rien que cet autre. Si nous nous sentons bien, tout est bien ; si nous nous sentons mal, alors tout est mal.

Est-ce qu'il peut y avoir une chose plus merveilleuse, plus glorieuse, plus miraculeuse, plus splendide que ce monde ? Chaque hiver, les arbres entrent en phase de repos – c'est presque comme la mort. Puis le printemps arrive et tout revient à la vie. Les fleurs s'épanouissent, les feuilles se déploient. Vient l'été – c'est absolument magnifique ! Après cela, l'automne arrive avec ses couleurs éclatantes et sa beauté fulgurante, puis l'hiver à nouveau, et ainsi de suite. Tous les jours le soleil se lève, donnant sa lumière pour que nous puissions voir et faire des distinctions de couleur et de forme. Puis le jour se retire et l'obscurité de la nuit s'ensuit, rendant les choses presque impossibles à distinguer jusqu'à ce que l'aurore arrive à nouveau.

Bien sûr, nous pouvons choisir de penser que tout est affreux. Chaque jour est un mauvais jour et nous sommes toujours en train de souffrir. Pourquoi souffrons-nous ? Rien ne se passe jamais de la façon dont nous voulons que ça se passe : nous voulons plus ou nous voulons quelque chose d'autre ; nous voulons être différents ou nous voulons que les autres soient différents. Notre corps nous lâche ; il vieillit, il se détériore, il tombe en morceaux, et tout a l'air sinistre, terrible. Si nous pensons que ça va mal, tout commence à aller mal ; si nous pensons que ça va bien, alors tout paraît aller bien.

Le monde entier est une création de l'Esprit. Comment nous le percevons, voilà toute l'histoire. Si nous voyons tout de notre point de vue égocentrique, tout devient trop dur à supporter. Nous nous sentons toujours limités, incapables de faire face aux situations. Nous nous sentons petits, démunis et hors de contrôle. Si nous allons au-delà du point de vue égoïste d'un moi séparé, alors nous pouvons jouir d'une perspective plus magnanime et plus panoramique que nous pouvons appeler l'Esprit Illimité *(dai shin)*, nous pouvons jouir d'une capacité infinie et d'une confiance totale dans les choses exactement telles qu'elles sont. Tout dépend comment nous choisissons de voir le monde. En laissant tomber le moi égocentrique nous découvrons le moi réel, qui n'est rien d'autre qu'un moi non fixe, complètement ouvert à chaque moment de la vie.

Si vous ne distinguez pas entre le fin et le grossier,
vous ne serez pas tenté par le pour et le contre.

Or, discriminer est justement ce que nous faisons tout le temps : « Je n'aime pas manger des cochonneries, je ne mange que des aliments naturels », ou « Ceci est du synthétique, je ne porte que du coton ». En fait, nous sommes même fiers de nos distinctions. Nous disons que l'Occidental moyen porte du synthétique et bouffe des cochonneries comme des hamburgers, des frites, et des hot dogs. Nous, nous portons du coton et mangeons des aliments biologiques. Eux, ils encouragent la guerre et l'énergie nucléaire et ils tuent les baleines. Nous, nous voulons préserver la beauté et la sécurité de l'environnement. Nous sommes les bons et ils sont les méchants. Nous sommes intelligents et ils sont stupides. Nous avons raison et ils ont tort.

Pourquoi faire de telles distinctions et s'y accrocher ? Cela nous donne une bonne opinion de nous-mêmes, le sentiment d'être important et d'avoir raison, mais est-ce que ça marche réellement ? Pouvons-nous vraiment être contents de nous lorsque nous vivons dans la haine et le mépris ? Nous parlons d'amour, mais que voulons-nous dire par là ? Que nous aimons juste certaines personnes, ceux qui ne portent pas de synthétique ? Pouvons-nous laisser choir toutes nos opinions pour et contre tout ? C'est cela que le troisième Patriarche nous demande.

Immédiatement, nous voyons monter la résistance à cette idée, une résistance sous forme de conflit, une tête pleine de pensées et de peurs, et un manque de confiance. La peur fondamentale est, « Qui serais-je sans mes opinions et mes idées ? » C'est de cela qu'il s'agit ! *Vous* n'existeriez plus. Vous auriez cessé d'exister de la vieille façon. Qui alors seriez-vous ? Le bouddha. *Mu.* Maintenant chaque instant est neuf; chaque moment vous êtes neuf. Au cœur de ce qui va et vient, il n'y a plus ni aller ni venir. Au cœur de ce qui naît et meurt, vous cessez de naître et de mourir. Comment ? Ne demandez pas comment ! Faites simplement. Asseyez-vous simplement. Lâchez corps et esprit. Oubliez-vous.

6.

Ni aller ni venir.

Vivre dans la Grande Voie
n'est ni facile ni difficile.
Mais ceux qui ont des vues limitées
sont craintifs et irrésolus :
plus ils se hâtent, plus ils vont lentement.
Il n'y a pas de limite à l'attachement;
s'attacher même à l'idée d'illumination
c'est faire fausse route.
Laissez les choses suivre leur propre chemin
et il n'y a ni allée ni venue.

Vivre dans la Grande Voie
n'est ni facile ni difficile.

Vivre dans la Grande Voie, c'est vivre sans limites et sans frontières. La question n'est pas que ce soit facile ou difficile. C'est simplement la Voie. Simplement laisser chaque chose être telle qu'elle est. C'est si facile, pourtant nous créons toujours des complications inutiles. À ce qui est, nous ajoutons nos préférences et nos aversions. Nous refusons tout simplement de voir et d'accepter les choses telles qu'elles sont. Un des premiers bienfaits de la pratique est d'enlever les lentilles colorées qui déforment notre vue de la réalité, du Dharma ou de la vérité. Lorsque nous nous asseyons et pratiquons avec une grande détermination, nous faisons réellement l'expérience que ces lentilles qui se trouvaient entre nous et tout le reste disparaissent.

Qu'est-ce qui nous permet de pratiquer avec une telle détermination ? L'essentiel c'est la foi, la confiance. Si nous n'avons pas confiance, nous ne pouvons simplement pas pratiquer. Comment savez-vous si vous avez suffisamment confiance ? Si vous vous asseyez aussi régulièrement que possible et si vous participez le plus souvent possible à des retraites, cela montre votre foi. Nous trouvons tous des raisons pour ne pas nous asseoir, des excuses qui nous semblent authentiques et valables, mais qui fréquemment proviennent de notre résistance à être assis et à nous regarder en face, à regarder la vie en face. S'asseoir dans la résistance, persévérer à travers les moments difficiles, cela demande une foi immense.

Voici ce que c'est la pratique : étudier le moi, réaliser le moi, et par là actualiser le moi. Quand ? Tout le temps. Comment ? En étant nous-mêmes, en n'étant pas quelqu'un d'autre, en n'étant pas une image que quelqu'un d'autre a de nous. Nous ne pouvons jamais être à la hauteur de l'image que quelqu'un a de nous ou de ce que nous devrions être, donc nous nous en voulons et nous nous sentons coupables. Nous devenons tendus et nous créons une tension pour les autres.

Parfois nous avons des idées étranges sur la pratique en rapport avec l'accomplissement de la Voie. Par exemple, il y a plus de vingt-deux ans, j'ai pris des cours intensifs de karaté pendant un peu plus d'un an. Ensuite, il y a trois ans, j'ai repris le karaté après vingt ans sans entraînement ou presque. Je me considère toujours comme un débutant et je ne prétendrais jamais être un élève accompli ou avancé du karaté simplement parce que j'ai commencé à m'entraîner il y a longtemps. Parfois dans notre entraînement zen, nous nous mettons dans la tête que nous devrions être considérés comme des disciples accomplis ou avancés du zen, simplement parce que nous pratiquons depuis quinze ou vingt ans, participant occasionnellement à des retraites et nous asseyant un peu chaque jour. Le nombre d'années qui se sont écoulées depuis notre première assise n'est pas très important. Ce qui compte vraiment, c'est l'intensité de notre pratique et la profondeur de notre réalisation.

Quelle est la vraie réalisation ? « Je suis *cela*. Je suis la Voie. » Voilà ce que nous réalisons tous lorsque nous nous asseyons et que nous pratiquons de toutes nos forces : « Je suis la Vérité. Je suis le Dharma. Je suis le bouddha. » Ceci est la première vraie ouverture, être enfin capable d'admettre cela. Jusqu'à ce stade, nous pouvons l'entendre et le réentendre mille fois, mais nous ne pouvons pas le digérer, nous ne pouvons même pas l'avaler. D'une manière ou d'une autre, nous avons une si mauvaise opinion de nous-mêmes, nous manquons tellement de confiance en nous, que nous ne pouvons pas réellement l'assimiler. Nous pensons que le bouddha est quelqu'un d'autre, que le maître est quelqu'un d'autre que nous-mêmes.

Cette première ouverture, ce que nous appelons un *kensho*, consiste à voir à l'intérieur de notre nature et à être capable d'affirmer : « Je suis *cela*. » Il n'y a plus de séparation d'avec la totalité : c'est *cela*. Cette expérience est complètement différente d'une conception mentale qu'on pourrait avoir de ce que le bouddha est ou de ce que *mu* est. Ce corps et cet esprit mêmes sont *mu* ! Dès le moment où nous passons par cette transformation, nous commençons à accepter que nous sommes responsables de nous-mêmes. Jusqu'à ce stade nous pouvons rejeter la responsabilité sur les autres. Nous pouvons dire que si notre vie est ce qu'elle est, c'est de la faute de Dieu, du monde, de nos parents, de notre mari, de notre femme, de notre directeur, de n'importe qui et de tout le monde. La vérité est que personne ne nous a rien fait. Si nous réalisons cela, nous devenons entièrement responsables dans toutes les situations et nous acceptons notre vie comme étant *cela*. Nous sommes alors le maître.

Le mot bouddha veut dire Celui qui a atteint l'Éveil. S'éveiller à notre vraie nature, c'est être le bouddha. Qu'est-ce que cela veut dire ? Qu'est-ce que vous réalisez à travers toute cette quête, ces recherches, ces efforts et cette détermination ? Que découvrez-vous ? Absolument rien ! Nous cherchons tous à atteindre quelque chose, pour finalement trouver que dès le départ il n'y avait rien à atteindre.

Il y a un koan où un bouddha était resté assis pendant dix mille éons sans jamais atteindre le Dharma. Un bouddha qui pratique si longtemps et qui n'est toujours pas illuminé ? Pourquoi ? Parce qu'il est un bouddha non-accompli. Comment est-ce qu'une personne éveillée peut s'éveiller ? Cet état de rêve et d'illusion, cet état d'ignorance dans lequel nous sommes, est l'état d'éveil ! Il n'y a pas d'autre état, pas d'autre rive, et rien d'autre à réaliser.

Mais alors pourquoi tout cet acharnement et toutes ces recherches ? Où essayons-nous d'aller ? Nous ne pouvons pas séparer l'illusion et l'illumination, l'ignorance et la réalisation, le samsara et le nirvana. Ce monde samsarique est *cela* ! Le problème c'est que nous ne pouvons pas l'accepter. Nous tenons à nos préférences et c'est là que se trouve la cause de notre souffrance. Mettez donc simplement fin à la pensée conceptuelle ! Comment ? Faites zazen ! Pratiquant quoi ? La non-pensée. Qu'est-ce que la non-pensée ? Soyez simplement assis et ne pensez pas. Comment peut-on être assis et ne pas penser ? Ne faites aucun effort pour penser.

Il est naturel d'avoir des pensées, mais l'action de penser demande un effort. Dans l'état le plus naturel, il y a la non-pensée. Que voulons-nous dire par la non-pensée ? Permettre simplement aux pensées de monter dans l'esprit comme des bulles et puis les laisser partir, voilà la non-pensée. La non-pensée est ce qui va au-delà de l'alternative pensées ou pas de pensées : ce n'est ni un esprit vide ni un esprit occupé. Lorsqu'on laisse son esprit naturellement en repos, il n'y a pas de problème. Nous créons seulement un problème si nous n'aimons pas les pensées qui surgissent spontanément et si nous voulons nous en débarrasser. À ce moment-là, nos pensées persistent d'autant plus.

Mais ceux qui ont des vues limitées
sont craintifs et irrésolus :
plus ils se hâtent, plus ils vont lentement.

La Voie parfaite ne connaît pas de difficulté. Cette Voie n'est pas une question de difficulté ou de facilité, laissez-la donc simplement être ! Ceux qui ont des points de vue limités ont peur de réaliser cela. Que voulons-nous dire par des points de vue limités ? Réfléchissez-y.

Nous pensons qu'une chose est bien, que l'autre est mal ; ceci est juste, cela est injuste. « Maintenant, frapper quelqu'un, c'est mal ! » Mais quel mal y a-t-il à frapper quelqu'un ? Quelques-uns d'entre vous ont été frappés quand ils sont venus en *daisan*. Peut-être était-ce la meilleure chose à faire – cela a pu vous réveiller. Il n'y a pas de bien et de mal absolus. Mon professeur de karaté disait que si vous vouliez réellement connaître la vérité sur quelqu'un, frappez-le. Tout le monde peut être gentil si vous êtes gentil, aimable si vous êtes aimable ; mais comment se comportent-ils si vous les frappez ou si vous leur faites la vie dure ?

Si je dis que tuer n'est pas mauvais, l'esprit entend, tuer c'est bien. Notre esprit fonctionne toujours ainsi : ou bien ceci ou bien cela ; si ce n'est pas ceci, alors ça doit être cela. Si je dis que le plafond n'est pas haut, vous m'entendez dire que le plafond est bas, alors qu'il n'est ni particulièrement haut ni spécialement bas. Notre esprit crée ces polarités en permanence.

Même quelque chose d'aussi fondamental que l'amour est profondément mal compris par notre esprit, complètement embrouillé par l'attachement au moi et l'attachement aux objets. Dans l'entraînement zen, la chose la plus dure à accepter c'est de ne pas être traité comme un objet. N'est-ce pas étonnant ? On pourrait penser que personne ne veut être traité comme un objet. Est-ce que ce n'est pas un des thèmes du mouvement de libération de la femme, que les femmes ne veulent plus être traitées comme des objets sexuels par les hommes ? Or, regardez ce qui se passe lorsque quelqu'un cesse de nous traiter comme un objet : « Est-ce que je n'existe pas dans ton esprit ? Est-ce que je ne suis pas important ? Est-ce que je ne suis pas quelqu'un ? » N'est-ce pas notre plus grande peur – de perdre notre individualité, de perdre notre moi ? De ne plus savoir qui nous sommes ? Dans l'amour inconditionnel, nous n'avons plus de personnalité ; nous n'avons plus d'identité. À cet instant-là, lorsque nous devenons Un, sujet et objet disparaissent : nous nous perdons complètement.

Lorsque vous venez en *daisan* et que vous êtes vraiment ouvert et vulnérable, alors il y a seulement de l'amour. Cela peut être effrayant, parce que dans cet état d'amour il n'y a pas de moi. Quand vous sentez que vous êtes en train de vous perdre, la première chose que vous faites est de vous agripper à votre identité habituelle. La peur se lit dans vos yeux : vous avez peur de vous perdre et vous vous raidissez. La communion alors est terminée. Je peux rester là à bavarder avec vous, mais la vraie rencontre est finie parce que vous vous êtes renfermé.

On dit que le maître est un miroir. Lorsque vous entrez, le maître est simplement là, sans aucune opinion ou idée préconçue. Si vous avez trop peur pour être simplement là aussi, sans le moi, sans frontière entre vous et le maître, et que dans votre peur vous vous renfermez, alors le maître vous renvoie directement cela pour que vous puissiez voir exactement où vous en êtes.

Lorsque deux personnes sont ensemble sans frontière entre elles il n'y a pas d'objet, donc le sujet aussi disparaît ; et vice versa, lorsqu'il n'y a pas de sujet, l'objet disparaît. Cela s'appelle l'Esprit Un. Voilà la vraie transmission. Si l'on peut dire que l'entrevue a un objectif, c'est que deux esprits n'en fassent plus qu'un. Le disciple devient le maître, le maître devient le disciple – inséparables !

Voilà tout ce dont il s'agit dans la pratique : vous devez devenir le maître. Lorsque vous vous ouvrez, lorsque vous ouvrez votre cœur, et que vous devenez sans fond, vide, alors le Dharma peut simplement s'écouler. Aussi longtemps que vous tenez à vos goûts et dégoûts, à vos opinions, à vos préjugés, à vos préférences, à la peur de ce que les autres vont penser de vous, cela ne peut pas arriver. Nous ne devons pas seulement vider le moi du moi et devenir sans fond, nous devons même essuyer tout ce qui reste collé aux parois. Le moindre résidu de moi qui reste altère le flot. Nous devons nous nettoyer jusqu'à ce que nous soyons absolument propres.

Cela est en fait le sens du *samu*, la période de travail : nettoyer. Nous ne voulons pas dire juste nettoyer la moquette et les meubles, mais aussi nettoyer le moi et l'esprit. Quelles sont toutes ces saletés et toute cette poussière que nous devons enlever ? Illusions, souillures – toutes nos opinions et tous nos points de vue, tout ce qui est *moi* et *mien*. Si nous nous accrochons à nos perspectives personnelles, nous restons confinés et à l'étroit, limités et petits, souffrants. En faisant passer les autres avant nous et en agissant pour l'amour du Bouddhadharma, nous actualisons l'Esprit illimité.

Lorsque Maezumi Roshi a quitté le Japon en tant que moine âgé de vingt-quatre ans, il s'était promis de toujours penser aux autres d'abord, jamais à lui-même. C'est un vœu étonnant, n'est-ce pas ? Ce n'est pas facile. Peut-être est-ce trop difficile. Ce vœu lui a causé beaucoup de douleur et de souffrance. Mais à cause de cette douleur et de cette souffrance, beaucoup a été accompli. Il donnait des entrevues en permanence. Parfois nous le suppliions de prendre juste un jour de repos ou de prendre le temps de s'asseoir, mais il ne le faisait pas. D'habitude il s'asseyait juste cinq minutes, dix au plus, puis il allait directement dans la salle de *dokusan*, parce que souvent il y avait une centaine de personnes à voir. Et il restait deux heures et demie ou trois heures, quatre fois par jour. J'avais du mal à le suivre. Je me souviens que je rentrais à la maison épuisé.

Lorsque j'ai demandé à mon professeur de karaté, que je respecte beaucoup : « Comment avez-vous fait pour réussir si bien ? », savez-vous ce qu'il m'a répondu ? « Je ne pense jamais à moi-même, seulement à ce qui est bon pour les gens et pour le *dojo.* » C'était vrai. Il était là tous les matins à quatre heures et demie – j'ai vérifié. J'ai décidé que je ferais de cela ma pratique et que j'y serais à quatre heures et demie.

Mais qu'est-ce que nous faisons d'habitude ? « Je suis trop fatigué, trop occupé. C'est trop difficile pour moi. » Nous devenons absorbés par nous-mêmes, pris dans nos émotions et nos pensées. Tout est trop difficile. Lâchez le moi, oubliez le moi, et rien ne sera trop grand. Considérez ce qui est bon pour le Bouddhadharma et puis faites-le ; cela marche toujours. Lorsque nous oublions cela, il se pourrait que les choses ne se passent pas si bien.

Il n'y a pas de limite à l'attachement ;
s'attacher même à l'idée d'illumination
c'est faire fausse route.

L'attachement à n'importe quoi nous détourne du droit chemin, particulièrement l'attachement à l'illumination. Car à ce moment-là l'illumination même devient l'obstacle principal, l'illusion ultime. Est-ce que cela veut dire que nous ne devrions pas atteindre l'illumination ? Non. Cela veut dire, devenez illuminé et puis laissez tomber. Il se peut que certains d'entre vous essaient de faire ce que j'ai fait, c'est-à-dire renoncer à l'illumination avant de l'avoir atteinte, sachant que cela entraînerait un énorme attachement. Vous devriez d'abord essayer de toutes vos forces de réaliser l'état d'illumination. Ensuite lorsque vous l'avez finalement réalisé, simplement lâchez-le. Cela devient très délicat, car lorsque vous réalisez ce qu'est l'illumination, vous ne réalisez absolument rien ; et comment pouvez-vous vous attacher à rien ? Pourtant, comme des magiciens, d'une certaine façon, on trouve le moyen de le faire.

C'est comme l'histoire d'Enyadatta, une femme qui se leva un matin le regard trouble après une nuit très difficile. Elle regarda dans son miroir pour s'admirer, comme elle le faisait souvent, car elle était assez vaniteuse et égocentrique. La veille au soir, ses enfants avaient décidé de lui faire une blague et ils avaient retourné son miroir, de sorte que ce matin-là Enyadatta ne vit pas la réflexion de son visage. Cela la jeta dans un état de panique : elle ne pouvait plus trouver sa tête !

Enyadatta se mit à crier : « Où est ma tête ? Où est ma tête ? » Elle la chercha en dessous du lit, sous les couvertures, dans le placard, derrière le bureau, et partout dans la maison, en vain. Ensuite elle courut hors de la maison avec frénésie, essayant de retracer ses pas de la veille au soir (elle avait un peu trop bu), toujours en criant : « Où est ma tête ? »

Finalement un ami vit Enyadatta à moitié folle courir dans tous les sens et il réussit à l'attraper. Il tenta de la raisonner, lui répétant encore et encore qu'elle n'avait pas perdu sa tête, que celle-ci était toujours sur ses épaules. Mais, dans l'état de confusion où elle se trouvait, Enyadatta ne pouvait pas croire ou même vraiment entendre ce qu'il était en train de dire. Son ami dut l'attacher à une chaise pour l'empêcher de courir partout et de se blesser ou de blesser quelqu'un d'autre. Elle continuait à hurler et à crier, se démenant pour se libérer des cordes, essayant désespérément de continuer à chercher sa tête. Finalement elle s'effondra, abattue et épuisée.

Seulement lorsqu'elle commença à se calmer à cause de la fatigue, Enyadatta fut capable d'entendre ce que son ami disait, mais elle ne pouvait toujours pas l'accepter. Elle demanda : « Est-ce que je n'ai vraiment pas ma tête ou est-ce que je me suis trompée ? » Juste au bon moment son ami lui flanqua une gifle dans la figure. Se prenant la tête, elle s'écria douloureusement : « Aïe ! Ma tête, ma tête, tu m'as fait mal à la tête ! » À ce moment-là, elle s'exclama : « Ma tête ? ... Ma tête ! J'ai ma tête ! » Elle réalisa à cet instant sans l'ombre d'un doute qu'elle avait en effet sa tête.

Enyadatta était folle de joie. Elle s'écria : « Écoutez tous, j'ai trouvé ma tête ! Quelle merveille ! » En la voyant dans cet état surexcité de joyeux soulagement, son ami décida de la laisser encore un peu attachée jusqu'à ce qu'elle reprenne ses sens.

Finalement Enyadatta vit l'absurdité de toute la situation, qu'elle n'avait jamais réellement perdu sa tête. Elle rentra chez elle, s'occupa de sa famille, et reprit son travail, mais à présent elle n'était plus si absorbée en elle-même qu'avant. À cause de cette expérience, elle n'était plus aussi vaniteuse ou égocentrique.

La version originale de cette histoire telle qu'elle est racontée par le Bouddha Shakyamuni est consignée dans le Sutra du Lotus et elle présente une des meilleures analogies avec notre vie. Le stade avant qu'Enyadatta ne regarde dans le miroir est notre point de départ à tous avant de commencer à nous demander ce qui nous manque. Nous sommes tous très occupés à chercher la sécurité et le bonheur, à nous faire une situation, un nom, une réputation, à acquérir des richesses. Nous sommes complètement absorbés en nous-mêmes et par l'apparence superficielle des choses, comment les autres nous voient et ce qu'ils pensent de nous. Puis, à un certain moment, nous commençons à penser qu'il nous manque quelque chose ; notre vie nous semble vide et nous commençons à chercher une certaine vérité, un certain sens à la vie.

Nous commençons à chercher la vérité, en courant ici et là, essayant d'améliorer notre vie de diverses façons afin de trouver la réponse. Avec un peu de chance, tout seuls ou avec l'aide d'un ami spirituel, nous commençons une pratique d'assise. Au début on peut trouver difficile de rester immobile et d'apaiser l'esprit. Nous rencontrons beaucoup de résistance et d'inconfort, mais si nous sommes réellement déterminés à trouver notre tête, notre vraie nature, nous continuons la pratique de l'assise. Même si nous entendons dire ou si nous lisons qu'il ne nous manque rien, que nous avons tous déjà la nature de bouddha, nous ne pouvons simplement pas l'accepter jusqu'à ce que nous soyons allés au bout de notre recherche à travers la pratique. Seulement à ce moment-là pouvons-nous commencer à entendre l'enseignement.

À ce stade nous sommes confiants d'avoir le potentiel de nous éveiller à notre vraie nature. Le véritable éveil peut arriver à n'importe quel moment, par une gifle dans la figure, le croassement d'un oiseau, ou le bruit du tonnerre. Dans ce moment d'oubli de soi, notre nature véritable se révèle. Maintenant, tout à l'euphorie et à l'excitation de nous être éveillés à notre nature de bouddha, nous tombons dans la « puanteur du zen ». Nous voulons partager cette expérience avec tout le monde. Cette phase peut durer beaucoup d'années jusqu'à ce que nous soyons capables de laisser tomber l'idée d'être quelqu'un d'exceptionnel. Car, tout comme Enyadatta, nous n'avons jamais été sans notre nature de bouddha, donc qu'est-ce qu'il y a de si spécial à l'avoir trouvée ? Nous devons finalement arriver à totalement reconnaître que nous nous sommes dupés nous-mêmes, en pensant qu'elle nous manquait, puis ensuite que nous l'avions trouvée.

Seulement à ce stade où nous avons laissé tomber l'attachement à notre éveil, sommes-nous capables de revenir à l'esprit ordinaire : nous ne sommes plus à la recherche de quelque chose qui puisse nous rendre meilleurs ou plus complets, nous sommes simplement nous-mêmes, faisant exactement ce que nous avons à faire, prenant soin de n'importe quelle situation qui se présente. Nous sommes maintenant moins absorbés en nous-mêmes et plus conscients de tout ce qui se passe autour de nous. Nous voyons les choses telles qu'elles sont réellement et nous pouvons fonctionner librement selon la vraie compassion et la vraie sagesse.

Comme dans la parabole d'Enyadatta, nous devons chercher notre tête pour réaliser que nous ne l'avions jamais perdue. Si vous avez vraiment perdu la tête, comment la cherchez-vous ? Avec une résolution totale, dans un état de panique et de désespoir absolus, comme si votre tête était en feu ! Avec ce genre de détermination, vous êtes sûr de réaliser votre vraie nature. Retenez quelque chose pour vous protéger juste un petit peu, même de l'épaisseur d'un cheveu, et vous ne pouvez pas le faire.

Pourquoi pensez-vous qu'il y a si peu de gens qui ont atteint l'illumination au cours des âges ? Parce que la première chose que nous devons faire, la toute première chose, non pas le dernier pas, c'est de renoncer à l'attachement au corps et à l'esprit. Tous les grands maîtres qui ont cherché la Voie avec l'esprit de *bodhi* n'ont fait aucune attention à eux-mêmes et ils ont abandonné corps et esprit. C'est la première chose que nous devons faire également : lâcher corps et esprit. Quand ? Nous disons : « Faisons-le dans quelques années ; pourquoi le faire maintenant ? Il y a tellement de choses que nous pouvons faire maintenant et qui sont plus importantes. » Que perdons-nous si nous abandonnons corps et esprit ? Absolument rien, sauf beaucoup d'idées et de concepts, de goûts et de dégoûts, de haine et de colère, de jalousie, d'envie et d'avidité. Et qu'est-ce qui remplace tout cela ? La compassion, l'amour inconditionnel, la Vérité !

Laissez les choses suivre leur propre chemin
et il n'y a ni allée ni venue.

Lorsque nous sommes assis en zazen, n'est-ce pas ce que nous faisons, laisser chaque chose suivre son propre chemin ? C'est ce qu'il y a de si beau là-dedans. Quand nous nous endormons, nous faisons la même chose en quelque sorte, mais nous n'en avons pas conscience. L'assise est le seul moment où nous laissons les choses être en toute conscience. Et je ne veux pas dire l'assise limitée au coussin, mais chaque fois que vous êtes attentif et ouvert, même en mouvement. Permettre à chaque chose d'être comme elle est, voilà la vraie assise : permettre à tout ce qui veut surgir de simplement surgir et disparaître – les oiseaux qui pépient, le soleil qui se lève, la lune qui se couche, les nuages qui passent, les chiens qui aboient, les chats qui miaulent. Ne créez aucune barrière et ne vous séparez pas. Lorsque vous êtes assis : Oua, oua ! Il n'y a pas de distinction entre vous et le chien : juste oua, oua ! ni dehors ni dedans ; ni arrêt ni commencement ; ni allée ni venue ; ni distance ni séparation. Mais que faisons-nous ? Immédiatement nous le plaçons « là-bas » et nous le nommons « chien qui aboie ».

Le fait que vous pouvez distinguer entre un chat qui miaule et un chien qui aboie signifie que vous avez la *prajna*, la sagesse discriminante. Avant d'apprendre à penser de façon non-dualiste, nos distinctions s'appellent illusion discriminante, esprit discriminant. Nous entendons « chien » ou « chat » et tout de suite nos préférences sont là : « j'aime les chiens, je déteste les chats », ou vice versa ; ou « j'aime les chiens au bon endroit, pas en dessous de la fenêtre en train d'aboyer ».

Lorsque vous distinguez simplement un chat d'un chien, c'est la *prajna*. Dès le moment où vous commencez à établir des préférences, c'est l'illusion discriminante. Laissez chaque chose simplement être. Laissez les chats miauler, les chiens aboyer, les voitures passer. Nous sommes toujours en train d'essayer de contrôler notre environnement, mais pendant l'assise nous ne le faisons pas ; nous ne pouvons rien y faire. Avec notre conjoint, nos enfants, nos parents, c'est ce que nous essayons de faire tout le temps : contrôler et dominer. Soyez avec les autres comme vous êtes lorsque vous êtes assis : laissez les gens être à leur façon.

7.

Obéir à sa propre nature.

Obéissez à la nature des choses
et vous marcherez libre et tranquille.
Quand la pensée est enchaînée, la vérité est cachée,
car tout est obscur et trouble.
L'accablante pratique de juger
entraîne ennui et lassitude.
À quoi bon les distinctions et séparations?

Obéissez à la nature des choses
et vous marcherez libre et tranquille.

Comment pouvons-nous obéir à ce que nous ne connaissons même pas, à ce que nous ne réalisons même pas, à ce avec quoi nous ne sommes pas intimes? La réponse est simple : nous ne le pouvons pas. C'est cela précisément qui est la cause de notre souffrance, de nos problèmes et de nos sentiments d'aliénation.

L'illumination, c'est pénétrer la nature de toute chose ainsi que la nature du moi. Quelle est cette nature? Quelle est votre nature, ma nature, notre nature ? Cela s'appelle la vacuité, l'ainsité, *mu*, la nature de bouddha, la vraie nature. Et quelle est cette nature de bouddha ou cette vraie nature ? Non-nature ! C'est cela notre vraie nature. N'est-ce pas intéressant ? Notre nature est non-nature. Notre vrai moi est non-moi. Notre véritable esprit est non-esprit. L'essence véritable de notre esprit est non-essence, non-chose.

Qu'est-ce que nous essayons toujours de faire ? Nous définir par rapport à toute chose et par rapport à tout le monde. Je suis une mère ou un père par rapport à mes enfants ; un enfant, un fils, une fille par rapport à mes parents ; un mari par rapport à ma femme ; un amant par rapport à ma bien-aimée ; un criminel par rapport à la société. Menteur, voleur, mauvaise personne, bonne personne : tout cela implique des relations. Et que faisons-nous avec ces définitions ? Nous nous enchaînons. Comment ? L'acte de définition en soi crée une frontière.

Au commencement, il y a l'Esprit Un, l'Un qui est tout ; ensuite, nous engendrons toutes les frontières et les définitions. Dès que nous nous définissons par rapport à quelqu'un d'autre, nous nous sentons plus à l'aise, parce que maintenant nous savons comment être et comment nous comporter. Entrer dans une situation en étant complètement ignorant de notre rôle est très angoissant. Nous devons vraiment avoir confiance en nous à ce moment-là. Et comment pouvons-nous avoir confiance si nous ne savons pas qui nous sommes ? Nous avons donc recours à quelque définition de nous-mêmes et nous faisons confiance à cela.

Cela paraît un peu léger, n'est-ce pas, de faire confiance à une définition ? Regardez ce qui se passe si je me définis comme un fils, si c'est ainsi que je crée ma sécurité psychologique : à la fin, ma mère et mon père vont mourir. À ce moment-là, qui suis-je ? Si je crée mon identité en tant qu'épouse et que je perde mon mari, qui suis-je à présent ? Si je suis un parent et que je perde mon enfant, qui suis-je alors ? Si je me définis comme enfant, que j'atteins l'âge de dix-neuf ou vingt ans et que je quitte la maison, qui suis-je ?

Nous perdons notre identité quand nous perdons notre définition. Nous ne le réalisons pas, mais c'est en fait un événement merveilleux, extraordinaire, parce que pendant un moment nous sommes libérés de nos frontières. Pour un moment, nous ne sommes *personne*, mais cela est simplement trop effrayant. Donc, pour nous accrocher à quelque définition, à un faux sentiment de sécurité et de confort, que faisons-nous immédiatement ? Nous entrons dans une nouvelle relation. Au sein d'une relation, au moins, même si elle ne fonctionne pas bien, nous savons qui nous sommes.

Ensuite nous nous asseyons sur le coussin. Que se passe-t-il immédiatement ? Nous commençons à perdre nos bornes, ces notions de qui nous sommes. Nous commençons à perdre notre identité. La même chose arrive dans une relation avec quelqu'un qui ne nous définit pas clairement, quelqu'un qui nous accepte simplement sans nous juger. Qui sommes-nous dans ce cas ? Au lieu de rester ouverts et de vivre sans frontières, nous nous renfermons par peur de l'inconnu, nous nous limitons en nous confinant dans une définition de nous-mêmes qui nous est familière.

Nous n'aimons pas vivre dans la peur ; en fait, nous détestons cela. Et pourtant, c'est précisément ce que nous faisons. Je n'aime pas me dire : « J'ai peur », alors, au lieu de cela, je le tourne vers l'extérieur : « Je vous hais. » Mais nous n'aimons pas dire cela, car dans cette société ce n'est pas O.K. de haïr quelqu'un, n'est-ce pas ? C'est peut-être O.K. de se mettre en colère, mais pas de haïr. Donc, soit nous passons la journée à nous mettre en colère, soit nous refoulons cette colère et alors nous nous sentons frustrés et contrariés. Qu'est-ce qu'il y a derrière la colère ? La haine. Qu'est-ce qu'il y a derrière la haine ? La peur. Et qu'est-ce qu'il y a derrière cette peur ? Non-définition : non-moi. Quelle est la cause du problème ? Le manque de confiance dans le non-moi ou le moi non fixe : le moi sans une définition solide.

Vous voyez cela lorsque vous travaillez sur des koans comme *mu* ou « Qui est le maître ? » ou « Qui entend le son ? » C'est évident : j'entends le son. Qui d'autre l'entend ? Si vous dites que c'est vous qui l'entendez, cela n'empêche que moi aussi je l'entends. Trois millions de gens disent l'entendre, néanmoins juste un seul « je » l'entend. C'est ce qui s'appelle le « je » universel, l'esprit illimité. Si un chien aboie, chacun de nous l'entend. Si nous posons la question : « Qui l'entend ? », je l'entends. À l'intérieur de ce grand « je », nous créons de petits cercles, de petits « je ». C'est comme si tous ces petits cercles se frottaient les uns contre les autres comme des cailloux dans la rivière : « Ferme la porte ! » « Non, je veux qu'elle reste ouverte. » « Eh bien, je la veux fermée » « Dommage, je la veux ouverte » « Laisse-la fermée ! » « Non, ouverte ! » Nous oublions que le vrai problème n'est pas que la porte soit ouverte ou fermée, que les enfants mangent ceci ou cela. Le vrai problème est que nous sommes séparés les uns des autres, que nous définissons des *moi* séparés pour nous donner un faux sentiment de sécurité, une fausse identité.

L'essentiel de cette pratique est de perdre cette fausse identité. Beaucoup d'entre nous avons passé des années en thérapie pour acquérir un solide sentiment du moi. Comment pouvons-nous vivre sans identité ? Librement ! Tranquillement, comme de l'eau. L'eau connaît trois états. Si on la chauffe, elle se transforme en gaz. Notre vraie nature est comme cela. Dans son essence même, elle est comme un gaz, comme un espace ouvert : sans frontières fixes, libre. Après, l'eau refroidit et se condense, elle devient liquide. À présent, nous pouvons la voir et la toucher, mais quand même elle coule dans toutes les directions. Si nous la gelons, le flot s'arrête, elle devient un morceau de glace.

Devinez dans quel état nous aimons rester ? Dans une identité solide, aux bords bien définis, comme de la glace. Nous savons où nous nous arrêtons, nous savons où nous commençons. Nous sommes un objet bien tranché. Mais en temps qu'eau ou gaz nous ne sommes pas clairement définis. Notre plus grande peur en tant que morceau de glace est de perdre notre identité. Et pourtant, nous n'arrêtons pas d'être ébréchés et blessés et cassés. J'ai entendu une expression qui convient parfaitement : « Nous avons fait l'amour comme deux glaçons. » Nous voilà, essayant d'avoir une relation comme deux morceaux de glace et tout ce que nous pouvons faire est de nous cogner les uns contre les autres, tout ça parce que nous avons tellement peur de fondre, de perdre nos fausses identités.

Qu'est-ce qu'une relation ? C'est devenir un, se fondre à nouveau dans notre vraie nature. Et pourtant, perdre notre identité et se confondre avec un autre est la chose à laquelle nous résistons le plus au monde. Nous passons tout notre temps à sauvegarder cette identité, à la protéger. De quoi avons-nous peur ? Que quelqu'un nous maltraite, que quelqu'un nous exploite ou profite de nous ? Que Dieu nous garde d'être exploités !

Mais encore une fois, de quoi s'agit-il dans notre pratique ? De faire l'offrande de notre vie ! À qui ? Au tout, au Dharma. Donnez votre vie ! C'est cela la vraie offrande. Nous offrons de l'encens ; que représente cet encens ? Cela représente notre vie. Nous offrons des prosternations ; nous offrons notre vie même. Qu'est-ce que le Bouddhadharma, le tout ? Tout le monde ! Toute chose. Donc offrez votre vie à tout le monde, à toute chose. « Mais, disons-nous, ils pourraient profiter de moi. » Quand vous offrez votre vie, vous devez l'offrir librement, sans réserve. Ce n'est pas réellement une offrande si vous la faites avec retenue, en disant : « Je l'offrirai seulement si vous promettez de ne pas en profiter. » Donnez-la simplement !

Qu'est-ce que le vrai don, *dana paramita* ? Nous abandonner complètement, nous donner totalement ; c'est la chose la plus difficile à faire. Il est facile de donner de l'argent, c'est la chose la plus facile au monde ; cela ne vous coûte vraiment rien. Mais donner votre vie, renoncer à votre vie, voilà le vrai don ! *Dana paramita* veut dire offrir sa vie, abandonner ce corps et cet esprit. À qui ? À quiconque veut s'en servir. À ce moment-là ce corps et cet esprit ne vous appartiennent plus. Vous perdez votre identité. Vous ne savez plus qui vous êtes, littéralement. Vous avez encore un nom, mais ce n'est même plus *votre* nom.

Maintenant votre vie est la vie du Bouddhadharma ; votre corps est le corps du bouddha. Votre vie devient alors une réalité, mais elle ne vous appartient plus. Vous ne pouvez pas la garder ou la posséder ; chaque fois que vous essayez, vous vous sentez mal parce que vous arrêtez l'ordre naturel, qui est de s'écouler. Vous allez à l'encontre de cette loi fondamentale, « Obéissez à la nature des choses et vous marcherez librement et tranquillement ». Obéissez donc à votre vraie nature, qui est non-nature, un moi qui n'est pas fixé.

Nous avons peur de perdre notre propre identité individuelle et pourtant, plus nous résistons à la perdre, plus nous souffrons. C'est une équation très simple : la résistance entraîne la persistance. Plus nous résistons, plus nous persistons. Alors lâchez prise !

Ne soyez pas comme un singe. Savez-vous comment ils capturent les singes en Inde ? D'abord ils prennent une noix de coco et l'évident. Ensuite ils la fixent sur sa base, font une petite ouverture au sommet et placent une friandise à l'intérieur. Le singe arrive, met la main dans la noix et prend la friandise. Il essaie ensuite de retirer sa main, mais il ne peut plus l'enlever sans lâcher la friandise. Sa main est coincée et le singe préfère perdre la vie plutôt que de lâcher. Bien sûr, le singe ne sait pas qu'il est en train de perdre sa vie. Comme nous, il s'accroche simplement à ce qu'il désire. Il finira en soupe de cervelle de singe dans l'assiette de quelqu'un, simplement parce qu'il n'a pas voulu lâcher.

Nous nous accrochons avec autant de force à notre identité, ce qui crée toutes sortes de souffrances et de conflits. Lâchez prise ! Ouvrez simplement la main et vous serez empli par le Dharma.

Quand la pensée est enchaînée, la vérité est cachée,
car tout est obscur et trouble.

Notre esprit n'est pas libre quand nous nous accrochons aux pensées et aux sentiments, au lieu de les laisser aller et venir à leur gré. Ne les poursuivez pas ! Vous pouvez tout simplement les observer. Laissez-les aller et venir. Aussi longtemps que vous ne vous y accrochez pas, c'est bien d'avoir plein d'idées et de pensées. Il n'y a aucun mal à cela ; peut-être plus il y en a, mieux ça vaut. Mais ne vous coincez pas dans une perspective unilatérale, du genre : mes idées sont justes, ses idées sont fausses ; mes idées sont bonnes, ses idées sont mauvaises.

Un aspect de l'étude des koans est de nous permettre de sortir de nous-mêmes et d'adopter une perspective différente, de faire volte-face, de se mettre à la place de l'autre et d'avoir un regard neuf. Oubliez-vous. Devenez la vache qui chie ou le chêne ou le brin d'herbe. Mais vous ne pouvez pas le faire aussi longtemps que vous vous accrochez au concept que vous avez de vous-même, à votre forme physique, à vos propres bornes. Lâchez donc votre identité, la conscience que vous avez de vous-même. Alors sans être troublé et sans entraves, vous pouvez être n'importe quoi.

Tout est obscur et trouble quand la Vérité est cachée. Quelle est cette Vérité ? Il n'y a qu'une seule Vérité. Appelez-la Dieu si vous voulez, mais qu'est-ce que c'est, Dieu ? Comme le disait John Lennon, ce n'est qu'un concept. Tout ce que nous définissons comme étant *cela* n'est pas ça. Lâchez donc tous les concepts et toutes les définitions. Il n'y a que le Un, ce que nous appelons la Vérité, la réalité, Dieu, le Bouddha, la nature de bouddha, le vrai moi, *mu*.

Qu'est-ce que c'est, cet Un ? C'est votre vie : juste l'Esprit Un. Qu'est-ce que cet Esprit Un ? *Ceci !* Ce *moi* lui-même. Mais quel est ce moi qui est « je » ? Il est indéfinissable, irréalisable, inaccessible : le vide immense, l'espace illimité. C'est votre vie, celle qui ne connaît ni commencement ni naissance ; donc ni fin, ni mort. Cette nature non-née advient à chaque instant, plus de soixante-quatre mille fois par seconde ! mais pour qu'elle puisse naître à chaque instant, elle doit aussi mourir à chaque instant. Voilà ce qu'est cette vie réellement : naître et mourir à chaque instant, plus vite que nous ne pouvons nous en apercevoir. Si vous êtes vraiment attentif, la vie est comme un film au ralenti, chaque image étant un moment séparé et complet. À vitesse normale, le film donne l'illusion de mouvement, comme pour nous faire croire que les choses sont réellement en train de se passer dans nos vies.

Nos esprits ne pourront jamais saisir cela : d'une part la vie est non-née et donc ne meurt jamais, d'autre part elle naît et meurt à chaque instant. C'est un paradoxe, comme la lumière qui est à la fois onde et particule en même temps, ou comme ma théorie selon laquelle l'univers est simultanément en contraction et en expansion. Les scientifiques ont débattu cette question à savoir si l'univers est en expansion ou en contraction. Supposez qu'il soit à la fois en expansion et en contraction, comme s'il entrait dans un trou noir. Si vous êtes aspiré dans un trou noir, vous vous contractez ou vous vous dilatez ? Ou bien est-ce que vous implosez et explosez tout à la fois ? Notre vraie nature est comme un trou noir. Si nous nous vidons réellement, quiconque vient près de nous est aspiré dans notre espace ouvert. Devenez comme une grande succion, un grand vide.

L'accablante pratique de juger
entraîne ennui et lassitude.

N'est-ce pas vrai ? N'est-ce pas fatigant, épuisant, d'être assis là, à vous juger tout le temps et à juger les autres ? « Je ne suis bon à rien, je gâche toujours tout. Mon assise n'est pas bonne ; je m'endors. J'ai trop de pensées, je ne travaille pas assez, je ne fais pas assez d'effort. » La seule chose qui nous sépare du bouddha, c'est que le bouddha ne critique pas. Quand il y a pensées, il y a pensées. Quand il n'y a pas de pensées, il n'y a pas de pensées. Quand il y a jugement, il y a jugement. Quand il n'y a pas de jugement, il n'y a pas de jugement. Pourquoi juger celui qui juge ? Pourquoi vous condamner tout le temps ? Permettez-vous d'exister ! Laissez la vraie nature des choses simplement être, alors tout disparaît naturellement.

Lorsque vous êtes assis, qu'y a-t-il donc à faire ? Soyez simplement assis. Arrêtez de vouloir changer, corriger et améliorer les choses. Parfois c'est bien, parfois non. Une bonne assise est une bonne assise, et une mauvaise assise est aussi une bonne assise. Soyez simplement assis. C'est tellement épuisant de juger sans cesse. Et à quoi bon juger les autres ? Personne ne sera jamais à la hauteur de nos normes et cela n'a aucune importance de toute manière, car tout le monde est O.K., tout le monde est parfait comme il est.

Nous nous permettons de dire : « Oh, vous avez besoin d'une aide psychologique ! Allez donc voir un psy. » Pourtant si quelqu'un nous donne ce conseil, notre réaction est : « Mais de quoi parlez-vous ? » Les Amérindiens avaient une attitude positive à l'égard des fous. Lorsque des gens se comportaient comme des fous, les Amérindiens pensaient qu'ils étaient possédés par des esprits qui agissaient à travers eux. Les enfants et les psychotiques, les personnes illuminées et les ivrognes, tous sont imprévisibles. C'est là leur sagesse. Et qui est-ce que nous n'aimons pas ? Qui nous fait peur ? Les ivrognes, les personnes illuminées, les psychotiques et les petits enfants ! Bien sûr, vous pensez : « Nous ne pouvons pas réellement avoir peur des jeunes enfants » – mais qu'est-ce qu'on leur fait ? On les enferme. Quand ils commencent à se déchaîner, qu'est-ce qu'on leur dit ? « Va dans ta chambre ! Ferme la porte ! Va à l'école ! Je ne peux plus te supporter. Au moins pendant trois heures j'ai la paix. »

Il est dur de vivre avec quelqu'un d'imprévisible, quelqu'un de vraiment libre, comme Maezumi Roshi. On ne sait jamais ce qu'il va faire l'instant d'après. Un moment il peut être gentil et plein de compassion, puis la minute d'après il est prêt à vous trancher la gorge ! Lorsque nous étions à Londres pour visiter le centre du Dharma de Trungpa Rinpoche, peu après la mort de Trungpa, on demanda à Roshi de faire un discours. Tout au long de sa vie, Trungpa Rinpoche avait insisté fortement sur le fait que le bouddhisme est une religion athée. S'adressant aux élèves de Trungpa Rinpoche à l'occasion de la commémoration célébrant le quarante-neuvième jour après sa mort, Roshi donna un magnifique discours sur Nietzsche, déclarant que sans aucun doute il y a un Dieu ; que lui, Roshi, croyait en Dieu ; que Nietzsche était cinglé de prétendre que « Dieu est mort » ; que Dieu se portait bien, mais que quelque chose était mort en Nietzsche.

Puis Roshi est allé faire un discours en France où un catholique très dévot l'interrogea sur Dieu. Roshi dit :

« Pas de Dieu ! Je ne crois pas en Dieu ! » Deux disciples qui étaient présents avec moi aux deux discours furent choqués. L'un des deux dit : « Que voulez-vous dire : *Pas de Dieu !* Il y a à peine quelques jours, vous avez déclaré votre foi en Dieu ! » Roshi simplement se mit à rire. Il est tout à fait libre, imprévisible, fixé nulle part, attaché à rien. Dieu, pas de Dieu : tout juste des concepts.

Allez bien au-delà des discriminations dualistes, telles que illuminé ou ignorant, bon ou mauvais. Un jour quelqu'un dit : « Oh, vous êtes si bon, si merveilleux ! » et vous vous gonflez d'orgueil ; puis le lendemain : « Oh, vous êtes quelqu'un d'épouvantable ! » et vous vous sentez misérable. Quelle différence est-ce que cela fait ? Ce sont juste des étiquettes. Vous êtes ce que vous êtes. L'arbre ne se soucie pas de savoir si vous l'appelez un arbre ignorant ou un arbre illuminé. Un arbre est un arbre. Pourquoi ne pouvons-nous pas être ainsi ? Simplement comme nous sommes, indéfinissables et sans l'étiquette de bon ou mauvais, illuminés ou non, bouddha ou être vivant. Que des foutaises. Soyez libre !

À quoi bon les distinctions et séparations ?

Ce sont des distinctions telles que moi et toi, bon et mauvais, juste et injuste, vie et mort. Pourquoi s'inquiéter de la vie ou de la mort ? Quand nous sommes vivants, nous sommes vivants. Quand nous sommes morts, nous sommes morts. Pourquoi ne pas simplement s'occuper de cet instant ? Il n'y a pas de demain. Il n'y a pas d'hier. Il n'y a même pas d'aujourd'hui, juste cet instant même. Vous n'êtes rien, et si vous mettez vraiment toute votre foi dans ce rien, vous ne pouvez pas être déçu. En revanche, si vous placez votre foi en quelque chose, vous en devenez dépendant et lorsque vous le perdez, vous vous cassez la figure. Donc, s'il vous plaît, ayez une foi profonde en votre vraie nature, en votre non-moi indéfinissable, et soyez vraiment libre.

8.

Ne poursuivre aucun but.

Si vous souhaitez cheminer sur la Voie Unique,
ne détestez ni le monde des sens ni celui des idées.
Les accepter pleinement
c'est l'Illumination véritable.
Le sage ne poursuit aucun but
alors que le sot s'enchaîne lui-même.
Il y a un seul Dharma, pas plusieurs ;
les distinctions naissent du besoin d'attachement des ignorants.
Chercher l'Esprit avec l'esprit discriminant
est la plus grave de toutes les erreurs.

Si vous souhaitez cheminer sur la Voie Unique,
ne détestez ni le monde des sens ni celui des idées.

La moindre chose que nous n'aimons pas, la moindre chose que nous essayons de refouler, deviendra une entrave dans notre pratique. Nous avons l'opinion que certaines choses sont bonnes et d'autres mauvaises ; par exemple, en étudiant le bouddhisme, nous pouvons nous mettre dans la tête que le fait d'être attaché aux sens est mauvais et que de ne pas être attaché est bon. Ensuite, lorsque des sentiments, des pensées, des images visuellement séduisantes surgissent, nous nous accusons d'attachement et nous pensons que nous sommes mauvais. Si au contraire ces objets sensuels ne peuvent nous affecter en aucune façon, nous trouvons cela bien et positif. Nous pensons que nous pouvons maintenant mener une vie pure et sans tache.

Mais voilà déjà une façon de penser erronée qui provient de notre conscience dualiste et discriminante. Ceci est mauvais, cela est bon ; ceci est faux, cela est juste. Comment pouvons-nous vivre dans le monde des sens sans faire de telles distinctions, en étant un avec la Voie ? La réponse est simple, bien sûr, mais cela ne veut pas dire que c'est facile à faire : coupez complètement l'esprit discriminant. Lorsque vous coupez cet esprit dualiste, c'est-à-dire toutes vos aversions et vos préférences, alors vous devenez un avec votre vie, un avec la Voie.

Par conséquent, si des attachements surgissent, ne prenez pas de position pour ou contre eux. Remarquez-les tout simplement. Soyez-en simplement conscient. Voilà le mot clé : conscient. Nous appelons cela *anuttara samyak sambodhi* : la conscience suprême, insurpassable. Quoi que nous ayons à faire, faisons-le tout simplement. Soyons un avec ce qu'il convient de faire dans chaque situation. Lorsque nous sommes simplement conscients, nous avons cette option. Lorsque nous ne sommes pas conscients, nous sommes tiraillés par nos désirs, par nos attachements. Nous ne sommes même pas conscients de ce qui se passe.

Comment devenir conscient ? Zazen. Lorsque nous

sommes assis et que nous acceptons simplement tout ce qui survient, alors c'est *anuttara samyak sambodhi*. Laissez simplement venir tout ce qui se présente et laissez-le passer sans vous y accrocher. Soyez comme le vaste ciel vide. Ou, comme le disait Yasutani Roshi, soyez comme une feuille de papier blanc immaculée. Tout ce qui s'écrit sur cette feuille de papier n'est ni bon ni mauvais, mais notre façon normale de faire est de l'évaluer. Quelle que soit la pensée qui surgit, nous sommes toujours en train de juger : « Ce sont de mauvaises, de terribles pensées; je ne devrais avoir que des pensées positives. »

Dès que nous pensons ainsi, bien sûr, nous retombons dans l'esprit discriminant et nous sommes alors en difficulté. Nous commençons à refouler et à étouffer des choses. Nous allons à la recherche de certaines sortes de pensées, cherchant uniquement les bonnes pensées. À ce moment-là nous devenons notre pire ennemi. Quelles que soient les pensées qui surgissent, acceptez-les complètement, même des pensées de désirs sensuels. Si vous voyez une belle femme ou un bel homme et que vous vous sentiez attiré sexuellement, acceptez-le simplement, ne le refoulez pas. À travers votre acceptation totale, vous évitez de devenir une victime. Vous êtes le chef, vous êtes le maître. Mais dès le moment où vous essayez de le refouler parce que ce qui arrive ne vous plaît pas, vous devenez la victime de votre propre désir désavoué. C'est là que vous vous sentez tiraillé par vos sens et vos attachements et que vous perdez le contrôle.

Lorsque nous avons l'impression d'avoir perdu le contrôle, nous essayons de le reprendre. Mais cela ne marche pas. Que faisons-nous ensuite? Nous essayons de contrôler les autres. Si nous sommes de toute façon dans une position de pouvoir, alors nous contrôlons simplement tout le monde et ils l'acceptent car nous sommes censés diriger. Mais lorsque nous n'avons pas de pouvoir politique, nous pouvons nous mettre à contrôler nos enfants, notre femme, notre chien, nos amis, tout être que nous considérons comme plus faible que nous. Dans ce cas le contrôle peut être un vrai problème ; nous devenons de petits dictateurs.

Tout vient du fait que nous n'aimons pas ce qui surgit – le fait que nous sommes attachés à certaines idées de ce qui est bien, que nous nous accrochons à nos propres points de vue, à nos propres opinions. Nous ne réalisons pas que ce sont simplement nos idées à nous ; on les considère comme allant de soi. Nous pensons toujours que nos croyances et nos idées sont justes et que celles de tous les autres sont fausses. Si les autres partagent nos points de vue, alors bien sûr nous disons qu'ils sont intelligents, qu'ils comprennent.

Par exemple, si nous pensons que les bombes nucléaires et l'énergie nucléaire sont mauvaises, alors ceux qui partagent ce point de vue sont des sages et ceux qui ne le partagent pas sont stupides. Dans l'État du Maine, nous avons eu un référendum pour décider si on allait éliminer la centrale nucléaire ou non. Environ soixante pour cent des gens ont voté pour garder la centrale, donc est-ce que nous disons que ces gens sont stupides et que les autres quarante pour cent sont sages ? C'est ainsi que nous pensons, alors que ceux qui sont pour l'énergie nucléaire ont l'impression que nous sommes contre eux : « Ils ne comprennent pas notre situation. Ils ne voient pas comment cela va ruiner nos affaires. Nous avons besoin d'énergie à bon marché pour notre gagne-pain. »

Dans notre pratique nous devons apprendre à ne

pas être figés dans une position. Dès que nous devenons figés, nous perdons notre objectivité et notre efficacité. Nous devenons impuissants, inutiles. Regardez l'état lamentable dans lequel se trouve le monde, tout vient de là : être figé. Si tout le monde sur cette planète pouvait avoir un regard objectif, tenant compte de toutes les perspectives, il n'y aurait pas de raison de faire la guerre. Il n'y aurait pas de raison d'être pour ou contre un autre groupe. Nous pourrions vivre en harmonie et en paix.

Les choses ont parfois l'air de changer vues de l'extérieur, mais nous ne sommes toujours pas en paix intérieurement, pas en harmonie; nous avons toujours des guerres à l'intérieur de nous-mêmes. Par exemple, nous voulons manger une grande quantité de nourriture, vraiment nous remplir, puis nous nous opposons à nous-mêmes : « Oh, je ne devrais pas faire cela », et le conflit commence. Ou bien nous voulons posséder quelque chose ou quelqu'un, et immédiatement nous nous disons : « Je ne devrais pas me sentir ainsi », et la guerre est déclarée. Notre esprit plein de bataille en permanence, comment pouvons-nous apporter la moindre paix dans le monde?

Notre pratique est de trouver comment dépasser les pour et les contre, les goûts et dégoûts. Mais comment transcender réellement les dichotomies que notre esprit ne cesse de créer? La réponse, bien sûr, est de s'asseoir en zazen. Qu'est-ce que le vrai zazen? Abandonner l'attachement au corps et à l'esprit. Quel esprit? L'esprit discriminant, l'esprit dualiste : lâchez-le! Pourquoi est-ce que nous nous y accrochons tellement? Parce qu'il nous donne un sentiment d'identité. « J'aime ceci et je déteste cela » et « Je suis pour ceci et je suis contre cela » : c'est ainsi que je sais qui je suis.

« Je suis démocrate. » « Je suis socialiste. » « Je suis républicain. » « Je suis un artiste. » « Je suis un penseur. » « Je suis un sportif. » « Je suis à la fois dur et sensible, macho et vulnérable – bon, propre, pur. » Qui sommes-nous sans ces étiquettes ? Lorsque vous lâchez vraiment tous les pour et les contre, qui êtes-vous à ce moment-là ? Laissez tomber tous vos goûts et dégoûts, vos notions de carrière et de position ; qu'est-ce qui reste ? « Mon Dieu, je ne sais pas... Je ne suis personne, je ne suis rien. »

Voilà comment nous nous sentons, mais ce n'est pas vrai. Lorsque réellement nous lâchons prise, nous devenons tout. À ce moment-là nous sommes identifiés à toute chose : la fleur, le chêne, l'étoile du matin.

Les accepter pleinement
c'est l'Illumination véritable.

Être attaché aux sensations, c'est le samsara, la roue de la souffrance. Et voilà qu'il dit que le samsara est identique à l'illumination. Quel non-sens ! Comment est-ce que le monde du samsara, ce monde de souffrance, peut être identique à la vraie illumination ?

Je m'assieds de longues heures sur mon coussin cherchant l'illumination, afin de me libérer de la souffrance. Le Bouddha a dit que la vie est souffrance, que la cause de cette souffrance est le désir et l'attachement, et que le chemin pour sortir de cette souffrance est de suivre le Sentier octuple. Le premier pas sur le sentier est la compréhension juste, c'est-à-dire réaliser que notre vue sens dessus dessous et faussée de la réalité – le fait de nous séparer du reste du monde – est la cause de nos attachements. Et quelle est cette Voie qui est au-delà de la souffrance ? Notre esprit dualiste pense que se libérer de la souffrance signifie se débarrasser de la souffrance. Non. Nous ne pouvons jamais nous débarrasser de rien. Dès que nous pensons que nous sommes débarrassés de quelque chose, cela surgit à nouveau et nous découvrons que c'est toujours là.

Au début quand j'ai commencé à pratiquer au centre Zen de Los Angeles en 1972, j'ai pensé que le désir sexuel n'aurait plus jamais d'emprise sur moi. Dès que j'eus pris cette décision, devinez ce qui se passa ? Un week-end je me suis retrouvé si complètement sous l'emprise de mon désir que j'ai roulé cent cinquante kilomètres vers le nord, de Los Angeles à Santa Barbara, simplement pour essayer de retrouver une ancienne petite amie. Quand j'ai découvert qu'elle était maintenant mariée et heureuse de l'être, j'ai fait demi-tour et j'ai roulé deux cent cinquante kilomètres vers le sud, à Orange County, pour retrouver une autre ancienne petite amie !

Dès que nous pensons que nous sommes débarrassés de quelque chose, cette chose devient précisément le dragon qui ressort la tête, crachant du feu. Nous ne pouvons nous débarrasser de rien ; tout ce que nous pouvons faire c'est l'inclure, l'accepter, en faire un ami. Acceptez et incluez même votre souffrance. Lorsque vous êtes assis et que vous avez mal aux jambes, mal au dos, mal à la tête, acceptez-le – et même peut-être prenez-y plaisir. Comment pouvons-nous y prendre plaisir ? Nous devons être masochistes ! Et pourtant nous découvrirons peut-être que la douleur est notre amie la plus intime.

Souvenez-vous du premier enseignement du Bouddha : la vie est souffrance. La vie est identique à la souffrance et la souffrance est identique à la vie. Si on n'avait pas la souffrance, on n'aurait pas la vie. Lorsqu'il n'y a pas de souffrance, vous êtes mort. Réfléchissez-y un moment : plus vous vous approchez d'un état où vous ne souffrez pas, plus vous êtes engourdi. Lorsque vous avez atteint l'ultime engourdissement, vous êtes mort. Vous ne pouvez plus rien sentir, même pas la joie. Soyez reconnaissant de pouvoir sentir des choses. Bien sûr, il y a des sentiments qui sont désagréables. Ce que nous faisons, c'est de nous attacher à ceux qui sont agréables ; nous recherchons ceux qui sont agréables et essayons d'éviter ceux qui sont désagréables, et cela devient notre problème fondamental.

Un jour je me suis demandé pourquoi je fais les choses que je fais. Lorsque je suis assis là tout seul, pourquoi est-ce que je me lève ? Si je suis debout immobile, pourquoi est-ce que je bouge ? J'ai donc décidé de faire une expérience : rester immobile jusqu'à ce que je sache pourquoi je bouge. Quarante minutes plus tard, j'ai découvert pourquoi : c'était très inconfortable. Faites l'essai. Restez assis deux ou trois heures et regardez pourquoi vous bougez finalement.

Ensuite j'ai réalisé que c'est ainsi que toute ma vie se passe. Seulement d'habitude le processus est plus subtil et parfois je n'en suis pas conscient. Dans ce cas-là j'avais une conscience aiguë ; je surveillais chaque instant : « Bon, qu'est-ce qui va me faire bouger maintenant ? » Je réalisais combien j'étais à la recherche de confort, essayant d'éviter la douleur. C'est ce que nous faisons tout le temps. Nous sommes assis là, ajustant constamment notre posture, essayant d'être un peu plus confortables. Certains d'entre nous sont plus subtils : n'ajustant pas seulement notre posture, nous ajustons également notre tête : « Si je peux juste accorder mon esprit un petit peu mieux, tout sera agréable. »

Mais que se passe-t-il lorsque nous acceptons réellement tout, lorsque nous laissons simplement chaque chose être ? Alors c'est le chaos. Parfait ! J'adore le chaos. La confusion ? J'adore la confusion. Depuis que j'ai réalisé combien j'aime le chaos et la confusion, je n'ai pas été capable d'être confus. Je continue à en chercher, je continue à en demander : « Mon Dieu, donnez-moi un peu de chaos ! » Maintenant, même quand je veux être un agent du chaos et de la confusion, je ne peux pas.

Essayez la même chose si vous êtes surmené. Si vous êtes surchargé et exploité, invitez la surcharge et l'exploitation. Invitez tout le monde à vous exploiter. C'est cela, un bodhisattva. Le bodhisattva invite tout le monde : « Exploitez-moi ! Utilisez-moi comme paillasson à la porte d'entrée. Essuyez-vous les pieds sur moi. » N'est-ce pas une pensée désagréable, d'être comme un paillasson, et tout le monde qui franchit la porte va vous marcher dessus, s'essuyer les pieds sur vous, se nettoyer sur vous ?

Un maître, lorsqu'on lui demanda : « Qu'est-ce que le Bouddha ? » répondit : « Un bâton de merde », une autre forme de paillasson. À l'époque, les gens utilisaient un bâton à la place de papier hygiénique, donc il disait que le Bouddha est quelque chose qui sert à vous essuyer. Devenez cela et vous êtes un Bouddha. C'est ce que vous cherchez réellement, non pas un type assis là comme une pure fleur de lotus avec une auréole. Puisque le bâton de merde est le vrai Bouddha, si vous aspirez à quelque chose, aspirez à être un bâton de merde, un paillasson. Quelle espèce d'idiot fait cela ? Un bodhisattva. Le bodhisattva dit : « Je suis là, utilisez-moi, même si c'est pour vous essuyer le cul ! »

Nous souhaitons échapper à notre douleur et à

notre souffrance, être illuminé, être clair, être un bouddha. Un bodhisattva est quelqu'un qui a déjà réalisé qu'il est un bouddha et, en devenant un bouddha, il reconnaît aussi que tout le monde est un bouddha, tout est bouddha. Il s'intéresse alors naturellement à tous les innombrables êtres qui sont des bouddhas mais qui ne le réalisent pas encore. À quoi leur sert la bouddhéité s'ils ne le reconnaissent pas ? Du fond de sa compassion, le bodhisattva déclare : « Plutôt que de demeurer dans la joie, dans la sérénité, dans la liberté absolue, je renonce à tout cela pour devenir un bâton de merde, un paillasson, le serviteur des autres. Je resterai dans l'état d'ignorance afin de sauver tous les êtres vivants. »

Pouvez-vous faire ce genre de vœu ? Pouvez-vous faire le vœu de rester dans l'état d'ignorance, de sauver tous les êtres vivants avant d'atteindre vous-même l'ultime, la complète libération ? Et bien, qu'y a-t-il de si dur à cela ? Vous êtes déjà dans l'ignorance. Pourquoi ne pas simplement l'accepter, pourquoi ne pas simplement l'être ? C'est tellement plus facile, car dans ce cas vous n'avez plus rien à chercher. Vous ne devez plus essayer de devenir quelque chose que vous n'êtes pas. Vous pouvez simplement être un avec votre vrai moi. Quel est votre vrai moi ? Le mien est dans un état d'ignorance, plein d'attachements et de désirs. Qu'en est-il du vôtre ?

Mais attendez une minute, il s'agit du moi qu'on appelle l'ego. Le vrai moi est censé être libre de tout cela. Est-ce qu'il y a un vrai moi et un faux moi ? On dirait. N'est-ce pas ce à quoi nous aspirons : réaliser notre vrai moi et nous débarrasser du faux ? Mais n'est-ce pas là l'esprit discriminant ? Chercher l'illumination, chercher l'Esprit avec l'esprit discriminant ? N'est-ce pas ce que nous essayons de faire pour devenir illuminé ? Et il est en train de dire que ce ne sont que des sottises ! Est-ce que cela ne veut pas dire que nous sommes profondément stupides ? C'est en effet ce que nous sommes, alors autant être complètement stupides ! Et puis quoi ? Qu'est-ce que je fais maintenant ? Pourquoi est-ce que je suis là ? Qu'est-ce qu'il y a d'autre à faire que de simplement s'asseoir ? Mais sans aucun but ?

Le sage ne poursuit aucun but
alors que le sot s'enchaîne lui-même.

Le fou s'enchaîne lui-même avec quoi ? Avec le but de devenir illuminé, libéré de la souffrance. Le sage n'a pas de but, il aspire au non-but, son but est le non-but. Comment cela s'appelle-t-il ? *Shikantaza.* Simplement s'asseoir, sans rien chercher, sans but ni objectif. Nous sommes alors juste assis au cœur de l'ignorance, absolument et complètement un avec notre ignorance. Voilà comment nous allons au-delà de l'illumination et de l'ignorance.

Dès le commencement même, je n'ai jamais été enchaîné, jamais été lié par rien, j'ai toujours été libre comme les nuages dans le ciel, simplement je ne le réalisais pas. Je pensais que je devais arriver quelque part pour être libre, atteindre quelque chose pour être libre, réaliser quelque chose pour être libre ; ou du moins me débarrasser de quelque chose pour être libre, comme de mes illusions, de mes préférences, de mes attachements. À ce moment-là je serais illuminé. Non, à ce moment-là je serais juste stupide, enfermé dans la pensée dualiste.

Il y a un seul Dharma, pas plusieurs ;
les distinctions naissent du besoin d'attachement des ignorants.

Il n'y a qu'un seul Dharma, une seule Vérité, une seule réalité. Quelle est cette unique réalité ? Nous pouvons le dire de nombreuses façons : *Cela*, juste *cela*, votre vie, votre moi, les choses telles qu'elles sont. Et que faisons-nous des choses telles qu'elles sont ? Nous essayons de les changer, de les modifier, de les améliorer. Nous avons des goûts et des dégoûts, des aversions et des attachements, mais il n'y a qu'une seule Vérité, un seul Dharma. Beaucoup de vérités différentes ne peuvent pas être la Vérité absolue. Ces vérités-là ne sont que des vérités dans le sens relatif.

Le Dharma unique n'est pas duel, n'est pas deux. Lorsque vous vivez étant un avec vous-même, un avec l'environnement, un avec la Voie, un avec le Dharma, alors vous vivez cette Vérité, vous êtes cette Vérité. Cela veut dire ne rien exclure, ne rien éviter. Tout ce qui surgit, c'est votre karma, regardez-le donc en face, soyez-le, soyez un avec lui. Si vous êtes déprimé, soyez déprimé. Heureux, soyez heureux. Bloqué, soyez bloqué. Soyez complètement bloqué ! Et dans l'erreur, soyez dans l'erreur. Sage ? Soyez sage.

Rien ne dure. Cala change tout le temps, n'est-ce pas ? Un moment nous sommes sages, le moment d'après nous sommes stupides : la personne illuminée est ainsi. C'est cela notre visée ultime dans la pratique zen : être le grand idiot, le joker. Le joker est sans entraves. Voyez le pouvoir qu'il a : être n'importe quoi, un roi, un deux, une reine, un valet ; être complètement flexible, fluide, un avec la situation ; être réellement libre, tellement libre qu'on est capable d'être détaché, libre même d'être dans l'ignorance, de ne pas être sage.

Pouvez-vous imaginer à quel point ce serait pénible et difficile, d'essayer d'être sage tout le temps ? Dieu merci, aucun d'entre nous n'essaie. Ou d'essayer d'être bon et pur tout le temps : Lancelot ou mère Teresa ? Quel fardeau ! Je suis sûr que mère Teresa n'essaie pas d'être bonne. Elle fait simplement ce qu'elle a à faire. C'est cela le secret des grands, ils font juste ce qu'ils ont à faire.

Nous avons tous une fonction : le cœur a une fonction, le foie a une fonction, la vésicule biliaire a une fonction, vous avez une fonction. Le cœur ne peut pas être la vésicule biliaire, la vésicule biliaire ne peut pas être le cœur. Lorsque la vésicule biliaire essaie d'être le cœur, le corps est en difficulté. Si Genpo essaie d'être quelqu'un d'autre, si quelqu'un d'autre essaie d'être Genpo, alors nous avons tous les deux un problème.

Chercher l'Esprit avec l'esprit discriminant
est la plus grave de toutes les erreurs.

L'esprit discriminant est celui qui hait ceci et adore cela, qui veut ceci et ne veut pas cela, qui recherche ceci et fuit cela. Comment l'esprit discriminant, qui provient de la stupidité même de s'accrocher, pourrait-il un jour se libérer de la souffrance, de l'état d'ignorance, des attachements, quelle que soit la force qu'il utilise pour cela ? Tout le problème est que cet esprit stupide et ignorant ne réalise pas qu'il est déjà libre. Rechercher l'état d'illumination tout en s'accrochant à l'esprit discriminant est tout à fait ridicule !

9.

Toutes les dualités sont comme des rêves.

Le calme et le trouble proviennent de l'illusion;
dans l'illumination il n'y a ni attraction ni aversion.
Toutes les dualités découlent de la déduction ignorante.
Elles sont comme des rêves de fleurs dans les airs :
il est fou d'essayer de les saisir.
Gain et perte, vrai et faux :
de telles pensées doivent finalement être abolies d'un coup.

Le calme et le trouble proviennent de l'illusion;
dans l'illumination il n'y a ni attraction ni aversion.

Il y a cinq attachements majeurs : le premier est le repos; le second est la nourriture et la boisson; le troisième est le sexe; le quatrième est la gloire et la position; et le cinquième est le gain ou la richesse. Lorsque nous nous sommes éveillés à la *prajna*, alors notre attachement aux désirs tombe.

Voilà à peu près comment cela se passe : quand

vous pratiquez intensément, comme lors d'une longue retraite, vous ne dormez pas tellement, vous ne mangez pas beaucoup et il ne se passe pas trop de choses pour vous amuser. En suivant simplement l'horaire, vous apprenez que vous allez très bien sans beaucoup de sommeil, de nourriture et d'amusement. Lorsque vous vivez ainsi, avec le temps les autres attachements disparaissent également. Mais vous devez le faire totalement ; par exemple, s'il n'y a qu'une certaine quantité de fatigue et une certaine quantité de pouvoir de concentration qui est accumulée, alors dès que vous arrêtez et que vous vous reposez suffisamment, le désir revient tout de suite.

Pourvu que vous pratiquiez intensément, même si votre attachement à la richesse et à l'argent est très fort, il disparaîtra. Vous vous en ficherez complètement de l'argent ; vous pensez : « Donnez-moi juste un peu de nourriture et un peu de sommeil, et peut-être un peu de plaisir sexuel ! » Ensuite lorsque vous allez pratiquer plus longtemps et que vous devenez plus fatigué et plus affamé, même l'attachement à la gloire ou à la réputation ou à la position disparaît. Mais pendant un moment il sera là sous forme de désir ou d'aversion pour les positions assignées dans la retraite, par exemple, vous préférez être l'assistant personnel du maître plutôt que le cuisinier.

Lorsque nous persévérons dans la pratique, cet attachement-là disparaît également, mais il y a toujours le désir sexuel : toutes sortes de fantasmes, d'énergie et de besoins sexuels surgissent. Mais si vous êtes vraiment épuisé, même cela disparaît. Vous êtes trop fatigué et vous avez trop faim pour même penser au sexe.

Au fur et à mesure que vous continuez à pratiquer intensément, vient ensuite la nourriture, une grosse affaire dans le monastère, comme c'est le cas partout ailleurs. Même si la nourriture est mauvaise (et dans certains monastères elle est épouvantable), il reste toujours la question de la quantité. Plus la nourriture est mauvaise, plus nous en voulons car elle ne nous satisfait pas vraiment. Dans un monastère japonais vous recevez parfois juste du riz blanc et quelques pickles. Il y a des moines qui prennent trois ou quatre bols de riz blanc, comme des esprits affamés essayant désespérément de couper leur envie avec une nourriture qui ne peut pas les satisfaire.

Finalement, même le désir de manger s'estompe et tout ce que nous voulons, c'est nous reposer : « Donnez-moi juste un lit pour que je puisse me coucher ! » C'est pourquoi dans certaines traditions, afin de couper l'attachement à tous les désirs, les gens ne se couchent jamais. Il y a des endroits où ils sont assis toute la nuit avec un support pour le menton qui repose dans les mains, alors que des courroies dans leur robe maintiennent leurs jambes attachées dans la position jambes croisées. Bien sûr, ils peuvent s'assoupir, mais ils ne peuvent pas tomber et perdre leur posture. Dans un temple chinois en Californie, il y a des gens qui dorment dans une caisse. La caisse est environ aussi large qu'un tapis de méditation, mais trop courte pour se coucher dedans. Ils sont assis là toute la nuit, et celui qui s'écroule se cogne simplement contre la boîte, puisqu'il est impossible de se coucher sans se recroqueviller complètement. J'imagine que c'est très inconfortable, mais j'ai vu que cela se fait.

Tant que nous prenons suffisamment de repos, les autres désirs continuent à surgir. C'est une des raisons pour laquelle, dans les retraites très intensives, seulement trois ou quatre heures de sommeil par nuit sont permises. Mais, dans cette strophe, le troisième Patriarche dit que le repos aussi bien que l'absence de repos sont fondamentalement illusoires et que dans l'illumination on n'a plus le besoin d'aimer ou de détester l'un ou l'autre ; il faut donc aussi regarder l'autre côté : pourquoi devrions-nous détester le repos ? Quel mal y a-t-il à se reposer ? Il n'y a aucun mal à cela : quand vous êtes fatigué, reposez-vous. De notre point de vue, la tradition du temple chinois de ne pas se coucher est trop extrême, trop ascétique. Ce n'est pas équilibré. Si on leur demandait : « Qu'est-ce que le zen ? », beaucoup de maîtres disaient : « Quand je suis fatigué, je me repose ; quand j'ai faim, je mange. » Il ne faut pas aller trop loin ; nous ne devrions ni éviter le manque de sommeil ni être attachés à l'absence de sommeil.

Toutes les dualités découlent de la déduction ignorante.
Elles sont comme des rêves de fleurs dans les airs :
il est fou d'essayer de les saisir.

La déduction ignorante est commune à nous tous : nous comprenons quelque chose et puis nous nous précipitons vers les conclusions. Nous commençons à rajouter à ce que nous savons, en déduisant toutes sortes de choses à partir de cela, et rapidement nous avons construit tout un scénario qui n'a plus rien à voir avec la réalité. Nous l'avons créé de toutes pièces dans notre tête. À travers notre esprit dualiste, nous déduisons des choses sur nous-mêmes également, et sur notre vie. D'une manière ou d'une autre, il est si difficile pour nous d'accepter les choses juste comme elles sont sans y ajouter quelque chose ; si difficile de nous voir clairement, de voir l'autre clairement, de voir n'importe quelle situation clairement. Toujours nous voulons ajouter ou enlever quelque chose.

> *Gain et perte, vrai et faux :*
> *de telles pensées doivent finalement être abolies d'un coup.*

Nous faisons tout à partir d'un mobile égoïste. La clé est de savoir comment pratiquer sans penser au gain, sans chercher ou vouloir retirer quelque chose de notre pratique ni de ce que nous faisons ou donnons. Si souvent lorsque nous donnons, ce n'est pas vraiment donner. Nous donnons quelque chose à quelqu'un et tout de suite nous voulons quelque chose en retour.

Cette attente égocentrique est profondément enracinée dans notre conscience, surtout parce que nous passons par un système d'éducation standard qui engendre fortement cette attitude. Vous rencontrez beaucoup moins cette façon de penser chez les gens simples ; alors que, chez les gens très instruits, c'est pire. Si je fais quatre ans de collège ou huit ans d'université pour avoir un doctorat ou un diplôme de médecine ou de droit, et que je le fasse pour la position et l'argent, alors l'attitude que je mérite quelque chose pour le prix de mes efforts me vient naturellement. Pour tout le dur travail que j'ai fait, je mérite au moins de gagner un haut salaire – j'y ai droit !

Voilà l'attitude de l'esprit d'acquisition et elle influe sur tout ce que nous faisons : « Si je donne quelque chose, je mérite quelque chose en retour », et « Si je te donne quelque chose, je veux te posséder, que tu m'appartiennes. » Nous avons une maison magnifique, mais cela ne suffit pas, nous avons besoin aussi d'une voiture magnifique. Une voiture ordinaire ne suffit pas – il faut que ce soit une Mercedes.

Cet esprit d'acquisition est exactement ce que nous développons dans notre système d'éducation. On fait toujours tout pour une raison. Pouvez-vous imaginer : chaque fois que vous allez aux toilettes, il faut qu'il y ait une raison ? Comme disait Kodo Sawaki Roshi : « Vous ne mangez pas afin de pouvoir aller aux toilettes. Vous n'allez pas aux toilettes pour fabriquer du purin. Mais aujourd'hui les gens vont au lycée pour aller au collège et vont au collège pour avoir un bon boulot. » Ensuite nous pouvons gagner plus d'argent, pour avoir une meilleure situation et un statut plus élevé dans la communauté. Achetez plus ! Possédez plus ! C'est très occidental. Et cela peut même devenir notre attitude envers le zen.

Dana, le vrai don, veut dire donner sans rien attendre en retour. Ne rien chercher, ne rien vouloir, juste donner. Si nous donnons pour en tirer profit, ce n'est pas donner, cela s'appelle acheter ou troquer. Nous devons donner sans lance-pierres. L'idée que nous devons recevoir quelque chose en retour pour tout ce que nous donnons est tellement forte qu'en Orient s'est développé le concept qu'on peut pratiquer le don – *dana* – en vue d'acquérir des mérites. Un don gratuit conduit ainsi à un mérite différé : il est possible que l'on ne reçoive rien de matériel pendant cette vie, mais peut-être lors d'une prochaine vie sera-t-on récompensé – c'est fondamentalement la même attitude, juste un peu plus subtile.

Lorsqu'il s'agit du Bouddhadharma, il n'y a vraiment rien à chercher. Notre zazen même est le Bouddhadharma. Nous n'avons donc pas besoin de pratiquer avec la mentalité de chercher, avec l'idée de gagner quelque chose. Nous ne devrions ni mépriser l'ennui qui surgit en zazen ni essayer de le fuir, mais simplement pratiquer avec tout notre cœur, sans chercher à achever ou à atteindre quelque chose. Voilà l'attitude juste qui est en accord avec le principe de non-recherche.

L'assise en elle-même est non-dualiste ; en zazen, il n'y a pas de barrière entre le moi et tous les phénomènes. Le zazen est la véritable forme du moi. Mais si vous êtes assis là, à attendre des résultats, ce n'est pas vraiment le zazen. Nous pouvons dire que la vraie assise est de réaliser la Voie, mais en fait, le vrai zazen est la réalisation elle-même. Et quelle est cette réalisation de la Voie ? C'est que lorsque vous êtes assis, le koan du vrai moi, la nature de bouddha, le Bouddhadharma, la Voie du bouddha est en réalisation.

Une fois que nous réalisons la Voie, cela n'est pas limité à l'assise ; tout ce que nous faisons du matin au soir n'est rien d'autre que la Voie. Mais jusqu'à ce que nous réalisions cette Voie, rien de ce que nous faisons n'est réellement la Voie. Et si nous imaginons que nous avons atteint la Voie, nous pouvons être bloqués là. Ceci devient ensuite une autre forme d'ignorance.

Si nous regardons seulement du point de vue de l'absolu, il n'y a que l'absolu. À ce moment-là tout est rien et il n'y a pas moyen d'être ignorant, d'être dans l'illusion. Même être dans l'ignorance et ne pas réaliser la Voie est l'illumination : rien à faire, rien à chercher. Mais si nous sommes coincés dans le relatif, alors dès que je dis « rien à faire », qu'est-ce qui vient ? « Pourquoi donc le faire ? Pourquoi pratiquer ? À quoi bon s'asseoir, pourquoi se fatiguer tellement et avoir mal aux jambes, mal aux genoux ? Pourquoi est-ce que je fais tout cela ? » L'esprit d'acquisition nous détourne du droit chemin, nous incite à agir en toute circonstance dans le but d'obtenir quelque chose. Pourquoi est-ce si difficile d'abandonner l'esprit d'acquisition ? Pourquoi est-ce si difficile de faire la vaisselle, de ranger la chambre, de simplement s'asseoir ? Et quand nous avons faim, manger, quand nous sommes fatigués, nous reposer ?

Pourquoi est-ce que cela est si difficile de pratiquer la Voie ? Sans raison, sans savoir pourquoi, nous pratiquons *anuttara samyak sambodhi*, l'éveil suprême, la sagesse suprême, ultime. Pourquoi nous asseyons-nous ? Je ne sais pas ; nous le faisons tout simplement, réalisant le Vœu du bodhisattva : nous pratiquons pour libérer tous les êtres.

Il n'y a pas de barrière. Du point de vue de l'absolu, il n'y a absolument rien à franchir. L'idée de franchir quelque chose n'est qu'un grand canular lancé par le Bouddha. Rejetez la faute sur lui et sur tous les maîtres qui l'ont suivi. Il n'y a rien qui nous empêche d'être vraiment nous-mêmes. Lorsque nous voyons cela clairement, alors ce qui surgit spontanément c'est le Vœu du bodhisattva. Puisqu'il n'y a rien à faire, puisqu'il n'y a nulle part où aller, puisqu'il n'y a rien à gagner – et pourtant, tout le monde cherche quelque chose, plein de mécontentement et de souffrance parce qu'il pense qu'il y a quelque chose à acquérir – alors ce qui surgit à ce moment-là est une grande compassion pour les autres. Nous voulons faire quelque chose pour aider les autres à réaliser ce que nous avons réalisé.

Si nous voyons quelqu'un se taper la tête contre les murs constamment, alors, au bout du compte, même si nous sommes très têtus, nous finirons par aller lui dire : « Attendez une minute, pourquoi ne pas arrêter ? Cela ne vous fait aucun bien. » Certains d'entre nous ne feront peut-être pas ça tout de suite. Nous laisserons simplement les gens se taper la tête contre le mur de brique. Nous n'avons aucune compassion. Mais lorsque nous voyons que les gens continuent à souffrir, à chercher et à chercher en vain dans ce rêve, à la fin cela va toucher notre cœur, cela va éveiller l'Esprit-Cœur, susciter notre compassion ; et alors nous voulons faire quelque chose. Cette compassion même devient l'inspiration du zen.

10.

L'essence intemporelle du Moi.

Si l'œil ne dort pas,
Les rêves s'évanouissent naturellement.
Si l'esprit ne fait pas de différences,
alors les dix mille choses sont comme elles sont,
d'une essence unique.
Comprendre le mystère de cette Essence Une
c'est être libéré de tous les enchevêtrements.
Quand toutes les choses sont vues avec équanimité
l'Essence intemporelle du Moi est atteinte.
Comparaisons et analogies n'existent plus
dans cet état sans cause et sans relation.

Si l'œil ne dort pas,
Les rêves s'évanouissent naturellement.

Quel est cet œil qui ne dort pas ? Un œil, deux yeux, l'œil unique, l'œil zen : autant de noms pour dire la *prajna*. Si la *prajna* est éveillée, tous les rêves s'évanouissent naturellement, toutes les illusions et les fantasmes prennent fin naturellement. Lorsque nous sommes assis et que le pouvoir de concentration, ou *joriki*, se développe, comme un ballon qui se gonfle dans notre ventre, nous arrivons à une certaine équanimité, une certaine stabilité. Mais dès que nous arrêtons de nous asseoir, ce pouvoir s'échappe comme l'air d'un ballon percé et nous le perdons. Nous devons continuer à nous asseoir régulièrement pour maintenir le *joriki* dans le bas-ventre. Nous avons alors la stabilité et l'équanimité pour gérer les situations dans notre vie d'une manière plus efficace.

Lorsque le pouvoir de *samadhi* est assez fort et que nous devenons vraiment stables, lorsque nous nous sommes complètement apaisés dans la respiration, dans le corps et dans l'esprit, alors n'importe quel événement fortuit – entendre un oiseau croasser, voir un coucher de soleil ou une fleur, regarder quelqu'un dans les yeux, se cogner le doigt de pied, ou recevoir un coup de bâton dans le dos – n'importe quoi peut ouvrir notre œil si nous sommes prêts. Une fois que l'œil de la *prajna* est complètement ouvert, il ne peut plus jamais se refermer. Mais jusqu'à ce que cela arrive, sa tendance est de se fermer, comme l'obturateur de l'objectif d'un appareil photographique. Lorsqu'il s'ouvre un peu, nous avons une petite expérience, un *kensho*, nous entr'apercevons un bref instant ce qu'est notre nature, l'essence de l'esprit, l'aspect essentiel du moi. Nous voyons alors tous les dharmas comme Un, toute chose comme un seul corps; nous réalisons l'interdépendance de toutes les choses.

Si je me mets en colère, cela vous affecte. Si vous agissez avec amour, cela m'affecte; même ceux qui sont aussi loin qu'en Russie font l'expérience de ces vibrations. Qu'ils en soient conscients ou non, cela est vrai. C'est comme un bol de gelée : poussez ou tirez un tout petit peu dans un endroit, et tout dans le bol s'agite. Parfois nous appelons cette essence unique la vacuité, mais ce n'est pas un pur néant. Lorsque vous la voyez réellement, vous réalisez qu'elle est pleine, complète, entière. La vacuité n'a pas de substance mais elle n'est pas vide non plus.

Parfois j'utilise l'analogie de la neige. Quand tout le pays est couvert de neige, nous pouvons faire toutes sortes de bonhommes de neige différents : un facteur, une femme flic, un père Noël, un enfant, un chien, un chat, un assassin, Jeanne d'Arc, et ainsi de suite. Toutes ces figures paraissent différentes de forme et de taille, mais elles ont une seule essence : la neige. Réaliser cette essence Une, c'est se libérer. Se libérer de quoi ? Tout d'abord, d'avoir à chercher quelque chose. Si nous sommes tous faits d'une même essence, si tout surgit d'une seule source, alors tout n'est rien d'autre que cette seule essence unique, complètement. Le sixième Patriarche l'appela « l'essence de l'Esprit ». D'autres l'appellent « la nature essentielle ». Ici, le troisième Patriarche l'appelle « l'essence du Moi par-delà le temps ». Bankei (Yotaku) l'appela « esprit de bouddha non-né ». Tous renvoient à la même chose : la nature de bouddha ou le vrai moi.

Cette essence n'est pas née et ne peut jamais mourir. Elle existe éternellement. Certains l'appellent énergie ; d'autres l'appellent esprit. Mais qu'est-ce que c'est ? Personne ne sait. Si nous avons un concept de ce que c'est, cela ne peut être qu'une analogie, comme la neige. Le Bouddha aussi utilisa une analogie. Imaginez que le monde entier soit en or, dit-il, dans des formes différentes, des figures différentes, des tailles différentes, mais tout serait de l'or sous une forme ou une autre.

Voilà ce que vous êtes, voilà ce que tout est, de l'or pur. C'est la nature de bouddha.

Quand vous regardez réellement dans votre esprit, vous réalisez que l'Esprit est le bouddha. Jusqu'à ce moment-là vous pensez qu'il ne peut pas y avoir de nature de bouddha, ou du moins vous doutez de son existence. Je vous demande : « Qui entend les sons ? » Vous regardez dans votre esprit et vous ne trouvez rien. Mais ce n'est pas rien : rien ne peut pas entendre. Essayez une fois : demandez à l'espace vide d'entendre des sons. L'espace vide ne peut ni entendre, ni voir, ni penser, ni bouger. L'esprit pense, voit, bouge et entend.

Mais quand je dis *esprit*, je ne veux pas dire le processus de pensée ou de conceptualisation que normalement nous associons à ce mot. Lorsque nous allons au-delà de la pensée dualiste ou discriminante, la pensée conceptuelle, que trouvons-nous ? Nous trouvons un espace ou un intervalle entre les pensées. Nous pensons qu'il n'y a rien là, mais ce n'est pas rien ; c'est l'essence de l'Esprit. Mais si nous pensons que cette essence est quelque chose que nous pouvons voir, sentir, saisir, nous nous trompons. Puisque tout est fait de cette essence, ce serait comme d'essayer de voir vos propres yeux avec vos yeux, ou de saisir votre propre main avec cette même main. Nous ne pouvons pas le faire. Et pourtant, à travers notre réalisation, nous savons que la source est là, que la nature de bouddha est là, que le vrai moi est là – et que nous sommes cela.

Votre vrai moi, votre vraie identité, ce n'est pas ce que nous croyons normalement, un petit individu limité : tourmenté, aliéné, solitaire, effrayé, confus, pour qui tout est trop difficile. Une fois que nous lâchons l'emprise que nous avons sur le corps et sur l'esprit, nous

nous fondons dans notre vrai moi. Mais le mot « se fondre » est inexact, car il n'y a jamais rien eu qui nous sépare ou qui nous tienne à l'écart, sauf notre propre façon de penser dualiste.

C'est cela, *shikantaza*, simplement être assis, faisant un avec toute chose à tout moment, ne créant aucune limite ou aucune barrière ou aucune définition qui nous sépare. Les koans aussi sont exactement cela. Étudier des koans, c'est poser les questions : qu'est-ce que l'esprit, qu'est-ce que *mu*, qu'est-ce que la source, qu'est-ce que le bouddha, quel est mon visage originel ? – une seule et même question. Toutes nous demandent de regarder dans l'esprit, de ne pas chercher en dehors de nous-mêmes, de ne pas chercher dans le futur, mais juste maintenant. Ces questions nous incitent à voir que notre vraie nature est le Bouddhadharma, la réalisation de la Voie. Tels que nous sommes en ce moment même, en tant que ce corps et cet esprit mêmes, nous sommes l'essence, qui se manifeste tout le temps en tant que moi, en tant que vous, en tant que chacun de nous, en tant que toute chose. De l'or pur ; de la neige pure. C'est ce que signifie la vraie égalité : nous sommes tous de l'or pur, tous la même neige, tous absolument égaux. Nous sommes tous faits de la même essence, du même esprit, de la même énergie.

Mais nous ne devrions pas en rester là. Le facteur est toujours le facteur ; la femme flic est toujours la femme flic. Un chien est un chien ; un chat est un chat. Un enfant est un enfant ; un parent est un parent. Le disciple est le disciple ; le maître est le maître. Un homme est un homme et une femme est une femme. Lorsque finalement vous réalisez votre nature essentielle, vous êtes complet. Le masculin est déjà féminin ; le féminin est déjà masculin. C'est déjà parfaitement équilibré. C'est pourquoi, quand les hommes pratiquent, leur côté féminin, l'aspect yin, se manifeste. Le côté plus ouvert, plus sensible, plus conscient, plus réceptif commence à ressortir. La même chose arrive avec les femmes : l'aspect yang – la partie puissante, forte, assurée – se manifeste dans la pratique. Vous n'avez pas besoin d'essayer d'y faire quoi que ce soit, simplement acceptez-le. Ne le rejetez pas, ne le refoulez pas, ne le reniez pas.

Dans notre société, les femmes ont tendance à être réprimées ; mais quand elles pratiquent l'assise, elles trouvent à l'endroit du *hara*, dans leur ventre, un pouvoir infini. En fait, y toucher même légèrement peut facilement nous faire peur. Nous ne savons pas quoi faire de tout ce pouvoir. Nous pensons que nous ne pouvons pas le gérer, cela pourrait nous faire exploser, donc nous le refoulons à nouveau. Cela prend du temps de développer assez de confiance en nous-mêmes pour savoir que nous pouvons gérer notre pouvoir complet, notre véritable force, et pour la laisser sortir. Mais la pire des choses que nous puissions faire, c'est de retenir notre pouvoir ou d'essayer de diminuer la force de quelqu'un d'autre. Quand on essaie de s'asseoir sur cette énergie, c'est comme d'être assis sur un volcan. Allez-y et essayez – vous n'y réussirez pas longtemps.

C'est la même chose avec l'esprit. Lorsque vous essayez de trop contrôler votre esprit et de le restreindre, il se déchaîne, comme un cheval sauvage ou un singe qui saute comme un fou. Laissez simplement surgir les pensées quand elles surgissent, car c'est aller contre le fonctionnement naturel de l'esprit que d'essayer de les empêcher de surgir. Néanmoins, vous pouvez couper le processus de pensée en concentrant votre attention dans le bas-ventre. Quand vous le faites, ce que vous trouvez c'est une énergie immense qui commence à circuler. Laissez-la circuler sans essayer de la contrôler. Laissez les pensées venir. Quel mal y a-t-il à avoir des pensées ? Lorsque vous commencez à créer l'espace pour que toutes ces pensées puissent surgir et que vous restez en même temps concentré et unifié, vous ne penserez plus de façon dualiste. Et que se passe-t-il réellement au moment où vous dites : « Bon, pensées, venez, je vous souhaite la bienvenue ? » Soudain, il n'y a plus de pensées ! Que se passe-t-il ? « Allons, pensées, où êtes-vous ? » À l'exception d'un bip occasionnel, elles cessent de monter. Dogen Zenji le disait d'une autre manière : « Abandonnez corps et esprit. Lâchez corps et esprit. » Mais ne vous inquiétez pas : si quelqu'un vous appelle par votre nom, vous serez immédiatement là !

Il est intéressant de voir ce qui se passe lorsque nous ne voulons pas devenir inconscients et que nous nous efforçons de rester conscients. Nous continuons à nous endormir de toute façon. La raison est simple : c'est au-dessus de notre capacité de produire l'énergie nécessaire pour rester conscients tout le temps. Nous sommes condamnés à perdre conscience, à commencer à nous endormir, donc nous luttons constamment contre l'inconscience. Si au contraire nous disons : « Bon, je me permets de devenir inconscient », alors cela ne se produit pas. En fait, nous découvrons qu'il est impossible de devenir inconscient si nous nous disons que c'est O.K. Peut-être serons-nous inconscients un instant, mais l'instant d'après nous sommes à nouveau conscients. Nous découvrons que nous revenons à la conscience spontanément, parce que nous ne luttons contre rien et que nous ne nous épuisons pas à résister au sommeil.

La clarté fonctionne de la même façon. Nous voulons tellement être clairs. Dans quel but ? Quel est le problème avec la confusion ? Pourquoi avons-nous une préférence si forte ? Qu'est-ce que la clarté a de si magnifique ? Nous ne voulons pas souffrir et nous pensons que la clarté enlèvera notre souffrance, donc nous nous accrochons à la clarté pour éviter la souffrance. Mais cet attachement devient notre problème, une nouvelle cause de souffrance. Et si vous étiez réellement libre et que vous vous moquiez de tout cela ?

Une fois en *daisan* j'ai demandé à quelqu'un comment il allait. « Pas bien. Je suis confus et en colère. » Si vous avez suivi ce que j'ai dit, vous savez immédiatement ce qui n'allait pas. Qu'est-ce que cette personne essayait d'accomplir ? Chasser la confusion et la colère. Naturellement, il est devenu confus et en colère. Je lui ai dit de s'asseoir le dos droit et d'être confus et en colère. Deux minutes plus tard, j'ai demandé : « Qu'est-ce que vous ressentez maintenant ? – Clarté et paix, dit-il. – Que s'est-il passé avec la confusion et la colère ? – Je ne sais pas, je ne peux plus les retrouver. »

C'est un simple fait : tout ce à quoi vous résistez, persistera. Si vous résistez à la souffrance, vous souffrez davantage. Si vous résistez à la confusion, vous restez confus. Si vous cherchez la paix, vous vous retrouvez constamment perturbé. Si vous courez après la clarté, vous êtes dans le chaos. Si vous ne voulez pas être en colère, vous allez être une colère ambulante. Si vous ne voyez pas d'inconvénient à être en colère, vous ne serez jamais agacé par la colère, parce que vous ne vous y accrocherez pas. Si vous n'avez d'opinion ni pour ni contre, si vous êtes simplement ouvert à tout ce qui se présente, vous êtes libre.

Si l'esprit ne fait pas de différences,
alors les dix mille choses sont comme elles sont,
d'une essence unique.

Ne préférez pas la clarté à la confusion, la paix au conflit. Ne préférez pas le plaisir à la douleur, le bonheur au malheur. Avez-vous déjà remarqué que les gens qui aspirent le plus à être heureux sont toujours les plus malheureux ? Ils disent toujours : « Je voudrais être heureux, mais je ne le suis jamais. » Les gens qui ne pensent pas au bonheur, qui simplement travaillent dur et font ce qu'ils ont à faire, semblent toujours être heureux. C'est la même chose avec les gens qui veulent être en paix. Plus que tout, ils veulent la paix de l'esprit, mais leur esprit est toujours en conflit. Ils continuent à rechercher une plus grande paix et ils se retrouvent avec plus de conflit. Ne vous accrochez pas à ces discriminations et ces distinctions.

« Les dix mille choses sont comme elles sont » renvoie à toute chose. Un arbre est un arbre. Une montagne est une montagne ; une rivière est une rivière. Les rivières coulent ; les montagnes ne coulent pas. Les chiens aboient ; les chats miaulent. Est-ce que vous avez déjà vu un chat aboyer ou un chien miauler ? Lorsque vous êtes assis et que vous entendez un aboiement, vous savez que c'est un chien qui aboie. C'est ce que nous appelons la sagesse discriminante, la sagesse de reconnaître un chien d'un chat. Pouvez-vous distinguer un homme d'une femme ? Dans ce cas, vous avez déjà la sagesse discriminante ! Mais dès que nous nous accrochons à l'idée que l'un est bon et l'autre mauvais, qu'une chose est juste et que l'autre est fausse, à ce moment-là cela devient l'ignorance discriminante. Quand la plus subtile notion de juste ou de faux fait son apparition, alors nous sommes perdus dans la confusion.

Comprendre le mystère de cette Essence Une
c'est être libéré de tous les enchevêtrements.

Cette essence Une est un mystère. Tout le monde, toute chose est essence Une, et pourtant qu'est-ce que c'est ? Personne ne peut la saisir. Vous pouvez la vivre : vous pouvez la manger, vous pouvez la respirer, vous pouvez l'être ; mais vous ne pouvez jamais la connaître. Tout ce que vous pouvez voir est essence Une, mais vous ne pouvez jamais la voir. Tout ce que vous pouvez entendre est essence Une, mais vous ne pouvez jamais l'entendre. Chaque son que vous entendez n'est rien d'autre que cette essence Une, rien d'autre que le Bouddhadharma. Chaque son ! C'est pourquoi tous les sons peuvent vous illuminer. Comme Dogen Zenji l'a dit : « Soyez illuminé par les dix mille choses. » Chaque son que vous entendez, tout ce que vous voyez, vous réveille, mais vous ne pouvez jamais connaître l'essence. Vous pouvez juste l'être, parce que c'est votre vie. La chose la plus facile au monde, c'est d'être ça, puisque vous ne pouvez être rien d'autre que ça. La chose la plus difficile, voire impossible, est de saisir ça.

Quand toutes les choses sont vues avec équanimité
l'Essence intemporelle du Moi est atteinte.

Quand vous réalisez l'Unité, quand vous voyez l'égalité de toutes les choses, tout est simplement le Un. Lorsque Enyadatta a découvert sa tête, elle s'est écriée : « Ah, j'ai trouvé ma tête finalement ! C'est formidable !

C'est extraordinaire ! » Ensuite elle a réalisé que tout le monde a une tête. Qu'y a-t-il de si extraordinaire à avoir une tête ? Qu'y a-t-il de si extraordinaire à être un bouddha ? Tout le monde est un bouddha. Tout le monde a la nature de bouddha. Tout est le bouddha. Un chien qui aboie est un bouddha, une fleur est un bouddha, même un morceau de papier de toilette est un bouddha.

Qu'y a-t-il de si spécial ? Nous sommes tous simplement ordinaires. Mais quelqu'un qui est complètement ordinaire, c'est une personne extraordinaire ! On dit que lorsqu'une personne ordinaire devient illuminée, elle ou il devient un sage. Lorsqu'un sage devient illuminé, elle ou il devient une personne ordinaire. Au départ, nous tous, personnes ordinaires, devons devenir illuminés, nous devons devenir sages, nous devons réaliser notre essence du Moi par-delà le temps – le moi non-né, qui ne meurt pas, éternel : ni dehors, ni dedans, ni commencement, ni fin ; notre vraie nature qui a toujours été et qui sera toujours. Ensuite nous devons devenir ordinaire, rien de spécial.

Comparaisons et analogies n'existent plus
dans cet état sans cause et sans relation.

Vous ne pouvez comparer cela à rien car il y a seulement l'essence Une, il y a seulement la nature de bouddha. Dès que vous commencez à comparer, vous vous êtes déjà séparé en deux, vous vous êtes fragmenté. « État sans cause et sans relation » veut dire que dans le sens absolu il n'y a ni cause ni effet, pas de karma. Comment pouvons-nous aller au-delà du karma ? Quand nous abandonnons corps et esprit, nous devenons un avec le karma, nous sommes simplement notre karma, nous le vivons moment après moment. Nous l'avons dépassé. Dans cet état il n'y a pas de karma. Cet état est simplement le karma.

Pas de relation ! Dès que nous avons une relation, nous sommes déjà séparés, déjà dans la dualité. L'état sans relation, c'est la vraie communion : être dans l'unité, sans frontières, sans aucune barrière, sans défense. Certains viennent en entrevue avec toutes sortes de défenses mises en avant – pour se protéger contre quoi ? Qui va vous faire mal ? Qui va profiter de vous ? S'il y a deux personnes dans la pièce, c'est tout à fait possible. Mais s'il n'y en a qu'une seule, c'est impossible. Contre qui nous protégeons-nous ?

Ne serait-ce pas merveilleux de ne plus avoir peur ? C'est le plus grand cadeau : plus de peur ! Lorsque vous réalisez ce qu'est *cela*, alors il n'y a plus de peur, plus rien qui puisse vous blesser, plus rien qui puisse vous détruire. Plus rien ne peut vous enlever votre vie, parce que votre vie est non-née, et donc elle ne peut pas mourir. Tout le reste est un rêve.

11.

Mouvement et immobilité disparaissent.

Considérez le mouvement dans l'immobilité
et l'immobilité dans le mouvement,
tous deux, mouvement et immobilité, disparaissent.
Lorsque de telles dualités cessent d'exister
L'Un lui-même ne peut pas exister.
À cette finalité ultime
aucune loi ou description ne peut s'appliquer.

Pour l'esprit unifié en accord avec la Voie
Tout effort égocentrique s'arrête.
Le doute et l'irrésolution disparaissent
et la vie dans la foi devient possible.
D'un seul coup nous sommes libérés de l'esclavage;
rien ne s'attache à nous et nous ne nous attachons à rien.
Tout est vide, clair, s'illuminant de soi-même,
sans fatigue aucune de l'esprit.
Dans ce lieu, pensées, sentiments, connaissance, et imagination sont sans valeur.
Dans ce monde de l'Ainsité
il n'y a ni moi ni autre-que-moi.

Considérez le mouvement dans l'immobilité
et l'immobilité dans le mouvement,
tous deux, mouvement et immobilité, disparaissent.

Lorsque notre assise en zazen est forte, dans cette tranquillité, dans cette absence de mouvement même, il y a un mouvement complet et parfait. Maezumi Roshi fait une comparaison avec la toupie d'un enfant. Quand vous faites tourner la toupie exactement comme il faut, qu'elle reste debout sur place, en équilibre parfait, sans serpenter, alors il y a immobilité, comme si elle ne bougeait pas du tout, et il semble qu'elle perde sa forme. Quand la toupie est en déséquilibre, alors elle chancelle, partant dans tous les sens, et elle semble très solide. Si elle tourne bien, elle devient sans forme ; elle commence même à paraître transparente.

Notre assise est exactement pareille. Lorsque nous sommes bien assis en zazen, le flot d'énergie est plus équilibré. Cette énergie qui circule dans le corps nous permet de devenir conscients de notre nature transparente et sans forme, de faire l'expérience de notre forme, ce corps même, comme étant vide. C'est ce qu'est vraiment *shikantaza.* Lorsque vous êtes assis en zazen et que vous vous demandez ce qu'est la véritable vacuité, vous réalisez immédiatement : juste *cela* ! Cette posture même, ce corps-esprit même, sont transparents, vides, sans forme, non-moi.

Lorsque nous entrons dans une activité, de travail ou de loisir, si nous nous y mettons complètement sans retenir ne serait-ce même qu'un seul pour cent de nous-mêmes, si nous la faisons avec une confiance et une détermination totales, en nous y jetant corps et âme, alors nous disparaissons. Et dans notre mouvement même il y a immobilité, tranquillité d'esprit. Pourtant, c'est cette expérience de disparition, de petite mort, qui nous fait peur. Et la peur est exactement ce qui nous empêche de nous mettre complètement dans ce que nous faisons. Nous y mettons peut-être 99 pour cent, ou même 99,9 pour cent, mais nous n'irons pas jusqu'au bout ; nous nous retenons. Il y a toujours une résistance à le faire complètement. Sous chaque raison que nous pouvons donner, se cache la peur, la peur de mourir ou de disparaître dans cette activité. Quand nous sommes totalement engagés, nous sommes complètement immobiles au sein de l'activité. Il y a un silence complet et dans ce silence il n'y a pas de moi, pas de *je*. C'est pourquoi dans toutes les religions à travers les âges les mystiques ont cherché le silence intérieur, le point immobile. Dans cette tranquillité même, il n'y a pas de pensée. Quand il n'y a pas de pensée, il n'y a pas de *je*, pas de moi.

Dogen Zenji a intitulé le premier fascicule de son *Shobogenzo* « Genjo Koan », la réalité absolue, le véritable koan en réalisation. C'est exactement ce à quoi renvoie le troisième Patriarche ici. Dans toute activité, lorsqu'il y a une vraie tranquillité, il s'agit du koan de la réalité, la réalité même en train de se manifester. Quel est ce koan en réalisation ? Rien d'autre que vous, à chaque instant de votre vie. Lorsque vous êtes assis, le vrai moi est simplement assis ; lorsque vous êtes en mouvement, le vrai moi est simplement en mouvement ; lorsque vous faites des prosternations, le vrai moi est simplement en train de faire des prosternations.

Nous avons le koan : « Soyez un arbre inébranlable dans une tempête de vent. » Inébranlable, oui, mais si vous êtes rigide et inflexible au milieu d'un ouragan, vous allez craquer ou être déraciné. Dans beaucoup de nos professions, nous devenons rigides, particulièrement dans celles qui, comme par exemple le droit, sont fondées principalement sur l'intellect, le savoir, l'information emmagasinée. Il est facile de devenir très rigide quand on est obligé de prendre position. Et si vous comptez sur l'intellect, vous devez être particulièrement vigilant à ne pas devenir figé.

Prendre une position figée est exactement le contraire de notre pratique. Notre pratique est d'être un arbre inébranlable dans le vent, c'est-à-dire très profondément enraciné. Enraciné dans quoi ? Dans le Bouddhadharma, dans le zazen ; enraciné au cœur de la terre, dans le centre même, et pourtant capable de plier avec le vent, de couler avec le courant ; non pas de se dresser avec orgueil, droit et rigide, mais d'être flexible. Nous n'avons pas besoin de défendre une position à moins que cela ne soit notre métier. Nous n'avons pas besoin d'être implacables et inflexibles, et ni non plus de nous excuser constamment d'avoir une position. Si nous croyons avoir raison, nous pouvons y aller, mais il faut aussi être constamment disposés à voir l'autre côté.

L'étude des koans apprend à être capable d'abandonner une position et de se déplacer pour voir le koan à partir de perspectives différentes. Il y a toujours des perspectives différentes : le relatif et l'absolu, le mien et le vôtre, et ainsi de suite. Si parfois le maître dit non à votre présentation d'un koan et que vous êtes sûr d'avoir raison, c'est peut-être correct du point de vue de l'absolu, mais faux du point de vue du relatif, ou vice versa. Chaque fois que vous êtes figé dans votre façon de comprendre ou d'avoir raison, vous avez tort.

Par exemple : « Quelle est la source de *mu* ? » Certains d'entre vous viennent me voir en disant : « Je suis la source de *mu.* » Non ! Vous vous attachez à un seul côté. Vous devez être disposé à l'abandonner, à le lâcher, et à regarder le koan à partir d'une autre perspective. Aussi longtemps que vous restez attaché à votre ancienne perspective, vous ne pouvez jamais le passer. Un koan comme celui-ci est exactement ce dont je parlais plus tôt. Il faut un effort de cent pour cent. Un effort de 99,999 pour cent ne fera pas l'affaire, bien que le maître puisse vous laisser passer à n'importe quel moment. La différence entre votre premier aperçu de ce koan, que l'on peut appeler une ouverture ou un *kensho*, et le moment où vous le voyez réellement, avec une certitude absolue, sachant sans le moindre doute ce que c'est, cela peut être la différence entre l'enfer et le nirvana, entre le ciel et la terre.

Ce qui fait la différence, c'est de savoir dans votre cœur que vous avez tout donné. Vous vous êtes complètement jeté dans le koan, vous êtes devenu le koan, vous êtes devenu absolument un avec le koan et vous avez cherché la réponse à partir de l'intérieur du koan, en étant cette source. À ce moment-là vous savez que tout effort et toute recherche sont absolument inutiles. Aucune dose d'effort ne peut jamais saisir l'insaisissable, réaliser l'irréalisable.

Quelle est la différence entre ce que nous savons maintenant et le savoir de quelqu'un comme Bodhidharma ? Quand il avait 112 ans et que l'empereur Wu demanda : « Qui êtes-vous ? » il répliqua : « Je ne sais *pas* ! » Il y a une grosse différence entre cette puissante déclaration de vérité et notre incertain : « Euh... je ne sais pas... » – c'est la différence entre un sage et un nul. Nous sommes nuls parce que nous ne sommes pas prêts à nous jeter complètement dans notre pratique.

Pourquoi résistons-nous, pourquoi nous retenons-nous ? Par peur, bien sûr. Mais si vous voulez être libéré de la peur, si vous voulez être libre, vous avez besoin de connaître votre propre esprit. Et pour connaître votre esprit, vous avez besoin de regarder à l'intérieur et de découvrir qui vous êtes. Même si je vous racontais tout à partir du début, cela ne servirait à rien. Vous avez besoin de réaliser par vous-même que vous êtes cela. Si nous appelons cet absolu « Dieu », alors soyez Dieu ! Si nous l'appelons le Christ, soyez le Christ ! Mais nous avons appris dans notre société que l'on ne peut pas être ou même dire de telles choses. Que se passe-t-il dans cette société si on dit : « Je suis le Christ » ? Directement à l'asile d'aliénés !

Tout récemment, j'ai participé à un débat avec un moine catholique, un prêtre épiscopalien, et quelques psychiatres, devant un public de quatre cent cinquante professionnels du secteur médico-social. À un certain moment, j'ai dit : « Je suis Jésus Christ ! Je suis Dieu ! » et je m'attendais à être lynché par la foule. Mais, d'une façon ou d'une autre, ils ont semblé apprécier ce que j'avais dit, car nous savons tous dans notre cœur que cela est vrai : « Je suis la Voie ; je suis la Vérité ! » Le Christ l'a dit et il a été crucifié. Mais dans le zen, c'est ce que nous devons être disposés à réaliser et à admettre, en oubliant tout le fatras qu'on nous a enseigné, et tout notre conditionnement sur ce qui est juste et faux.

Au début quand j'ai commencé cette pratique, j'ai réalisé tout de suite que l'on peut penser ainsi, mais qu'on ne peut pas le dire sans devenir fou ou sans entrer dans une profession où cette folie est acceptée. Peut-être les moines zen ont-ils besoin d'être fous. Le Bouddha l'a dit ainsi : « Au-dessus des cieux et au-dessous des cieux, moi seul, je suis l'Unique Vénéré ! » Je suis le Bouddha ! Pourquoi est-il si difficile pour nous de réellement l'admettre ? Nous pensons que cela montre un gros ego : « Je ne peux pas dire cela avant que j'abandonne mon ego. » Mais si votre ego devient si gros, il n'a plus d'extérieur ; il doit inclure tout le monde et toute chose. C'est une erreur de penser que nous pouvons nous débarrasser de notre ego ou le rendre plus petit. Lorsque l'ego inclut tout, il cesse d'être l'ego. Nous pouvons voir à ce moment qu'il n'y a pas d'ego.

Qu'est-ce que le Bouddha a réalisé ? Il n'y a pas d'ego, pas de moi individuel. Pour lui, la frontière a disparu, comme une bulle qui éclate à la surface de l'eau. Lorsqu'il y a une bulle, il y a un individu. Lorsque les bulles éclatent, il y a juste de l'eau. Quand la frontière disparaît, vous êtes un avec l'océan cosmique. Désavouer l'ego ne marche pas. Admettez la vérité ! À ce moment-là, qu'est-ce que Dieu ? Lorsque vous devenez vraiment un avec cela, cela même disparaît. Vous n'avez pas besoin de vous accrocher à de tels concepts.

Lorsque de telles dualités cessent d'exister
L'Un lui-même ne peut pas exister.

Même l'Unité peut devenir un concept. Nous avons une expression : « Le multiple devient le Un. » Beaucoup de dharmas, toute chose, deviennent Un. Cet Un devient zéro et zéro devient toute chose. Lorsque nous devenons réellement un avec *mu*, un avec chaque chose, même une seule occupation, nous devenons zéro, rien. Le non-moi est : montagnes, arbres, rochers, herbe, étoiles – tout, partout, sans limite, sans barrière, sans mur.

À cette finalité ultime
aucune loi ou description ne peut s'appliquer.

Quant à cette réalité ultime, tout ce que nous en pensons ou nous en disons ne peut qu'échouer à la décrire. Elle reste à jamais innommable. Lorsque vous faites l'expérience de la réalité ultime et que vous essayez de l'exprimer, d'une façon ou d'une autre, cela ne sonne jamais complètement juste. Nous pouvons la montrer du doigt, en parler, les paroles ne sont rien d'autre que cela, et pourtant les paroles ne peuvent pas la décrire. Pourtant, le besoin de l'exprimer revient toujours. Dans la tradition zen, tant que vous n'êtes pas capable d'exprimer l'inexprimable, vous ne le voyez pas clairement. La première chose dans l'étude des koans est de réaliser l'Unité, puis de réaliser la fonction de cette Unité indifférenciée, puis finalement de réaliser comment exprimer l'inexprimable.

Pour l'esprit unifié en accord avec la Voie
Tout effort égocentrique s'arrête.

Quand vous avez donné cent pour cent et que vous voyez sans l'ombre d'un doute l'absurdité absolue d'un tel effort, lorsque vous avez épuisé cet esprit constamment à la recherche et que vous êtes vous-même épuisé, comme Enyadatta qui se démenait pour se dégager de ses liens dans son désespoir de retrouver sa tête, lorsque vous arrivez finalement à vous reposer, à ce moment toute lutte s'arrête. Mais en quelque sorte nous le faisons partiellement, et nous n'arrivons donc pas tout de suite à la réalisation complète. Nous le faisons à 99 pour cent et nous nous sentons en paix pendant un petit moment, pensant avoir atteint quelque chose, puis le doute surgit à nouveau. Nous ne sommes pas satisfaits quelque part, donc nous recommençons à chercher.

La tendance est de ne pas vouloir admettre qu'il y a toujours un doute, et de s'accrocher à l'idée : « Je l'ai fait, je l'ai réalisé. » Si le maître nous dit que ce n'est qu'une illusion, nous avons envie de dire « merde » au maître. Nous ne voulons pas admettre que notre réalisation est incomplète. Le doute s'accumule et s'accumule, jusqu'à ce qu'il devienne si grand, si douloureux, si décourageant, que, dans notre obstination et notre désespoir, nous n'avons plus le choix : nous devons nous avouer à nous-mêmes que nous n'avons rien réalisé du tout. Bien sûr, quand nous admettons cela, nous sommes forcés d'affronter le doute dans notre maître, dans la pratique, et dans la Voie.

Jusqu'à présent, nous avons passé un koan après l'autre, peut-être avons-nous même fini l'étude des koans. Comment pouvons-nous être toujours insatisfaits ? Comment peut-il toujours y avoir un doute ? Comment quelque chose en nous peut-il toujours être affamé de vérité ? À présent nous devons être disposés à faire l'expérience du doute total : doute dans la Voie, doute dans le maître, doute dans nos expériences, doute en nous-mêmes, doute dans le Bouddha, doute dans tous les Patriarches, et nous devons accepter de dire : « Qu'est-ce qu'il en sait, ce fichu Bouddha ? Comment savoir s'il a réalisé quelque chose ? Et tous ces maîtres, qui donc étaient-ils ? Pour autant que je sache, ils étaient peut-être aussi stupides que moi. Et mon maître ? Il n'est rien de spécial non plus. »

Pour être capable d'affronter un doute si extrême, nous avons besoin de reposer sur une foi véritable. Sinon nous ne nous permettrons tout simplement pas de douter à ce point, de traverser ce genre de douleur, d'angoisse, et de désespoir, n'ayant foi en rien. Mais s'il s'agit de foi en quelque chose, ce n'est pas la véritable foi. Nous pouvons l'appeler foi en nous-mêmes, mais qui sommes-nous ? Nous ne savons pas, et pourtant la foi est là, une confiance en notre véritable moi, non pas en notre ego. Il faut avoir la volonté d'affronter la peur, accepter de sauter encore et encore du poteau de trente mètres de haut, et puis, une fois pour toutes, de vraiment mourir au moi et d'être complètement seul sans aucun soutien ni approbation, sans se reposer sur quelqu'un ou quelque chose – libre de tout principe, libéré du maître, libéré de tout. Nous avons toujours cherché l'approbation du maître, mais l'approbation finale doit venir de nous-mêmes. Ensuite le maître peut la confirmer.

Dans la tradition Rinzai, on dit que, lorsque le doute est grand, l'illumination est grande ; à doute médiocre, réalisation médiocre ; à petit doute, petite réalisation. Nous traversons de nombreux doutes et de nombreuses ouvertures, des *kenshos*, jusqu'à ce que finalement il y ait suffisamment de stabilité, assez de fondation de confiance et de foi pour passer la dernière barrière, la porte finale. Bien sûr, même après cela nous pouvons rester bloqués dans cette réalisation qu'il n'y a rien à atteindre. Depuis le début, qu'est-ce que nous avions en moins, qu'est-ce que nous avions en trop ? Absolument rien ! Depuis le début, tout est parfait et complet tel quel. Mais alors pourquoi faire un effort ? Pourquoi se battre ? Pourquoi chercher ? Nous pouvons devenir attachés à l'expérience de ce rien, il nous faut alors renoncer à cela également.

Le doute et l'irrésolution disparaissent
et la vie dans la foi devient possible.

Après avoir traversé une telle expérience, il est possible de vivre dans la foi véritable. Il n'y a alors plus rien à prouver, nulle part où aller, rien à faire. Comme disait Rinzai, il ne reste plus qu'à être votre vrai moi, sans rien d'autre à atteindre ; rentrer chez soi sur le dos du bœuf en jouant de la flûte ou s'asseoir dans son jardin après que le bœuf est reparti. Pourtant il faut encore aller plus loin.

D'un seul coup nous sommes libérés de l'esclavage ;
rien ne s'attache à nous et nous ne nous attachons à rien.

Quand vous traversez ce grand doute, cette grande peur, vous réalisez non pas que vous êtes maintenant libre, mais plutôt que vous avez toujours été libre, que vous n'avez jamais été lié ou enchaîné de quelque façon. Il n'y a jamais eu de barrière ; tout cela était une illusion, un rêve. Vous n'avez jamais été deux, séparé, double ; tout cela était fabriqué dans votre esprit. À ce moment-là vous êtes vraiment, réellement libre. Bien sûr, lorsque nous devenons attachés à cette libération, alors cette libération même devient un esclavage. Vous devez lâcher même cette liberté, et accepter de ne pas être libre. Vous devez être assez libre pour ne pas être libre, pour retourner au marché chargé comme un mulet, pour devenir un bodhisattva ignorant. Notre esprit ordinaire ne peut pas saisir cela.

Comment peut-on être assez libre pour être malade, avec tous les êtres vivants ? Assez libre pour être enchaîné par toute chose ? Pour consentir à exister dans la plus boueuse des boues, car c'est là que demeurent tous les êtres vivants ? Pour ne pas être meilleur, ni différent, ni quelqu'un d'exceptionnel ? Être vraiment juste quelqu'un d'ordinaire ? Qui pourrait admettre une telle chose ? Qui serait disposé à traverser les profondeurs de l'enfer, à investir un tel effort, à lutter autant, simplement pour être complètement ordinaire ? Pourtant, si nous résistons à cela – et nous y résistons *tous* – nous demeurons attachés.

Tout est vide, clair, s'illuminant de soi-même,
sans fatigue aucune de l'esprit.

Aucun effort mental, aucune lutte pour nous contrôler nous-mêmes ou pour dominer les autres ; simplement laisser être, lâcher prise, abandonner tout effort : c'est cela le véritable *shikantaza.* Quand on n'essaie plus, quand on ne s'accroche plus, c'est l'immobilité complète dans le mouvement et le mouvement total dans l'immobilité. Lorsque vous êtes assis comme cela, l'énergie circule tout simplement ; elle ne s'arrête nulle part et ne se limite pas à un endroit particulier.

Dans ce lieu, pensées, sentiments, connaissance, et imagination sont sans valeur.

Nous nous sommes toujours accrochés à quelque chose : l'importance de nos pensées, l'importance de nos sentiments, l'importance de notre savoir et de notre imagination. Maintenant nous pouvons dépasser toutes ces choses-là.

Dans ce monde de l'Ainsité
il n'y a ni moi ni autre-que-moi

Ni « moi », ni « vous » – ni Unité, non plus. Simplement manger. Simplement se reposer. Simplement s'asseoir. Simplement se gratter le nez. Ne rien chercher.

12.

Non deux.

Pour s'accorder directement avec cette réalité
il suffit de dire lorsque le doute surgit : « Non deux. »
Dans ce « non deux » rien n'est séparé,
rien n'est exclu.
En tout lieu et en tout instant,
l'illumination est l'accès à cette vérité.
Et cette vérité ne peut ni augmenter ni diminuer
dans le temps ou dans l'espace ;
en elle, une seule pensée équivaut à dix mille ans.

Pour s'accorder directement avec cette réalité
il suffit de dire lorsque le doute surgit : « Non deux. »

Si l'on me demandait de quoi il s'agit vraiment dans notre pratique, je dirais d'être un – ne pas être séparé, ne pas être deux. L'étude des koans vise à apprendre comment être un avec chaque koan. Nous avons toute une série de koans appelée les *hosshin*, les koans du corps du Dharma ou de l'esprit du Dharma. Le corps et l'esprit renvoient à la même chose dans ce cas : un seul corps, tel que *mu* ou le visage de quelqu'un avant la naissance de ses parents ou le son d'une seule main. Ce sont les koans appelés les koans *hosshin* du *dharmakaya.* Il s'agit là d'être simplement cela.

Si votre koan est *mu*, soyez juste *mu* : non pas deux, non pas *mu* séparé de celui qui travaille sur *mu.* En *daisan* les gens disent parfois : « Mon nom est un tel et mon koan est *mu.* » Chaque fois que j'entends cela, j'ai envie de dire : « Mon nom est *mu* et je travaille sur Genpo ! » Votre vrai nom est *mu* et vous travaillez sur la personne que vous imaginez être. Comme l'a dit Dogen Zenji : « Étudier la Voie du bouddha, c'est étudier le moi », c'est-à-dire travailler sur soi-même.

Qu'est-ce que c'est, tous ces sutras, ou ces écritures, que nous étudions ? Un jour Hannyatara (Prajnadhara), le maître de Bodhidharma, était invité à dîner chez le père de Bodhidharma, qui était un gouverneur de l'Inde. Tout comme en Occident, dans les grands dîners cérémonieux on demande au prêtre ou au ministre du culte le plus ancien de dire les grâces. Hannyatara était le vingt-septième Patriarche et aussi le maître du roi et de Bodhidharma, on le lui demanda donc. Hannyatara dit : « Lorsque j'inspire je fais tourner les dix mille sutras et lorsque j'expire je fais tourner les dix mille sutras. » Chaque fois que vous inspirez ou expirez vous exposez le sutra. Chaque fois que vous entendez, vous entendez le sutra. Chaque fois que vous parlez, le sutra parle. Tout ce que vous voyez est le sutra. Celui qui voit n'est autre que le sutra, ce Dharma. Votre vie, c'est le sutra. Votre vie, c'est le Dharma.

Comment celui-ci peut-il être deux ? Comment peut-il être séparé de votre vie ? Si vous espérez qu'un jour vous allez réaliser ce qu'est le Dharma, qu'un jour vous allez rencontrer le Dharma, c'est de la folie ! C'est comme de penser qu'un jour vous allez trouver votre tête, qu'elle pourrait être perdue. L'idée même que quelque chose a été perdu, que le Dharma fait défaut, que la vérité est absente, pas encore réalisée, c'est de la folie. Les gens viennent en *daisan* et disent des choses comme : « Je ne *l*'ai pas encore réalisé. Cela fait dix ans que j'étudie et je n'ai toujours rien réalisé. » Vous devriez rire en voyant l'absurdité de telles déclarations. Vous êtes déjà libre. Comment un bouddha peut-il devenir un bouddha ? Si le Bouddha devient le Bouddha, alors le Bouddha est un phénomène, un monstre à deux têtes !

C'est tellement simple : le téléphone sonne – pourquoi répondons-nous ? La cloche sonne – pourquoi mettons-nous nos robes et allons-nous nous asseoir ? Quelqu'un est venu en *daisan* en disant : « Parfois je me demande pourquoi je suis ici, pourquoi je m'assieds. » C'est beau : se demander pourquoi on s'assied et pourquoi on pratique et quand même rester là à faire cette pratique insensée. Se lever à quatre heures et demie du matin et s'asseoir dix heures par jour, face à un mur ! Comment expliquer cela à quelqu'un ? Ce qui est même encore plus bête que de le faire, c'est d'essayer de l'expliquer à quelqu'un. Qui va comprendre ? La vérité est que nous ne savons pas de toute façon. Quand nous y regardons de près, nous ne savons pas. Qu'est-ce qui nous pousse à continuer à pratiquer année après année ? Ne sachant pas vraiment, nous le faisons, c'est tout.

C'est exactement cela, le sens du titre, *Hsin hsin ming* : la foi dans l'esprit, l'esprit de foi ou l'esprit de vérité. C'est ça, la foi véritable : simplement le faire, sans savoir pourquoi. La même chose s'applique à l'étude des koans. Par exemple : « Qu'est-ce que le zen ? La vache qui chie dans le pré. » Être un avec ce koan, juste être ce koan, cela demande une foi immense, un total oubli de soi. Si vous êtes attaché au moi, vous ne pouvez pas être un avec le koan, vous allez vous retenir. C'est toujours le même problème, d'une façon ou d'une autre, nous sommes trop conscients de notre image, trop retenus, trop inhibés. C'est peut-être dû à la façon dont nous sommes élevés : « Ne faites pas cela, quelqu'un pourrait ne pas être d'accord », ou « Ne faites pas cela, les gens regardent. » Alors du coup on regarde toujours par-dessus notre épaule pour voir si quelqu'un nous regarde et nous critique. Nous devenons de plus en plus conscients de notre image et cette conscience est exactement ce qui nous gêne, ce qui nous empêche d'être libres, d'être nous-mêmes. Si vous pouvez répondre au koan : « Qu'est-ce que le zen ? La vache qui chie dans le pré », vous ne devriez avoir aucun problème.

Vous avez déjà goûté deux verres de champagne et vous dites que votre bouche n'est toujours pas humectée ? C'est de la pure arrogance, de la pure avidité. Est-ce que l'avidité ne provient pas de l'arrogance, de l'égoïsme, du fait de penser que nous existons à part et séparés de tous les autres ? N'est-ce pas arrogant et avide de penser que nous ne sommes pas illuminés, que nous n'avons pas encore réalisé assez de choses ? Est-ce que vous y avez jamais pensé de cette façon ? D'habitude nous pensons le contraire : « Ce serait arrogant de croire que j'ai réalisé *cela*, de l'admettre, d'admettre la Vérité. »

Cela n'est pas deux. Et si *cela* n'est pas deux, alors qui est là pour le savoir ? Et pour savoir quoi ? Ne faut-il pas être deux pour savoir quelque chose, celui qui sait et ce qui est su ? Alors le fait de savoir quelque chose est déjà se séparer de la Vérité, se séparer de la Voie. Dès que vous *le* cherchez, que vous essayez de *le* connaître, vous vous êtes déjà égaré. Essayer de *le* connaître relève de l'arrogance ; essayer de *le* comprendre, c'est notre esprit vaniteux.

Lorsque nous nous acharnons à savoir et que nous réalisons finalement : « Je ne sais pas et *cela* ne peut pas être su... *cela* est insaisissable et inaccessible... c'est juste *cela* », n'est-ce pas une leçon d'humilité ? C'est humiliant d'essayer pendant cinq, dix, quinze, voire vingt ans comme un idiot, et d'échouer complètement ! Est-ce que cette humiliation ne suffit pas ? Dans notre pratique, le fait d'échouer réellement, une fois pour toutes, échouer absolument et complètement : c'est *cela*.

Bien sûr, que faisons-nous ? Nous assistons à chaque retraite pour gagner, pour la surmonter. Je ne sais pas combien de fois je me suis dit : « J'ai encore survécu à celle-là. » Si vous pouvez dire : « J'ai réussi ! », vous avez perdu. Vous avez gagné une bataille mais vous avez perdu la guerre. Si vous pouvez dire une fois pour toutes : « J'ai succombé ; je n'ai pas survécu à celle-ci, j'ai complètement échoué ; celle-ci m'a tué », alors vous y êtes ! Réellement échouer, réellement perdre : c'est gagner. Comme le disait toujours Koryu Roshi, un des maîtres de Maezumi Roshi : « Une fois pour toutes mourez sur votre coussin ! » Une fois que vous mourez réellement de la Grande Mort, vous ne pouvez plus jamais mourir. La vie devient éternelle.

Dans ce « non deux » rien n'est séparé,
rien n'est exclu.

C'est cela, *shikantaza*. C'est cela, *mu*. C'est cela, un koan. C'est cela, zazen. Normalement nous dressons toutes sortes de murs et de barrières, ne serait-ce qu'en nous définissant. Dès que nous définissons quelque chose, nous y appliquons des critères et nous le mettons en opposition avec quelque chose d'autre. Une fois que c'est défini, nous pouvons l'étudier et le comprendre. Maintenant nous nous sentons rassurés parce que nous pouvons le saisir. Mais en fin de compte il n'y a rien à définir, seulement le non-moi : un vaste espace.

D'habitude nous nous définissons d'une façon qui nous limite : je suis un homme ou une femme ; je ne suis pas instruit ou très instruit ; je suis arrogant ou modeste, brillant ou stupide, vieux ou jeune, ignorant ou éveillé. Rien que des concepts ! Pourquoi avons-nous peur de nous débarrasser de toutes les définitions, de tous les concepts, de toutes nos idées ? Qui ou que serions-nous alors ? Quelles sortes de relations aurions-nous ? Comment pourrions-nous fonctionner, sans savoir ? Comment pourrions-nous aller travailler sans savoir qui nous sommes ?

Cela nous ramène à la foi. Si vous avez vraiment confiance et si vous avez la foi, vous pouvez vivre sans de telles définitions, et alors vous n'êtes plus limité. Vous êtes à ce moment-là le rien infini, sans frontières. Mais qui veut être rien ? Parce que nous ne voulons pas être rien, nous ne pouvons pas être infini. Nous nous accommodons donc d'être juste une petite chose, pas grand-chose. Débarrassez-vous-en ! Vous pourrez alors tout recevoir, être tout. Si vous vous videz réellement du moi, alors vous êtes les montagnes, les rivières, la terre – tout. Vous êtes toutes les choses.

C'est seulement à ce moment-là que vient la vraie compassion. Vous ne pouvez plus tourner le dos à l'autre, parce que cet autre n'est pas séparé de vous. Il devient alors difficile d'être avide de soi-même. Vous pouvez bien sûr encore être avide du tout, du Dharma, de la Vérité, avide que les gens s'éveillent. Maezumi Roshi disait tout le temps : « Je veux que vous soyez vraiment avides ; vous n'êtes pas assez avides ! » et « Je ne veux pas que vous soyez sans désir. Ayez beaucoup de désir, un désir énorme ! » Qu'est-ce que c'est, les Quatre Vœux, après tout ? Rien d'autre qu'un immense désir : de libérer tous les êtres vivants, d'accomplir la Voie !

En tout lieu et en tout instant,
l'illumination est l'accès à cette vérité.

Il y a cette histoire à propos de Hui-neng (Eno), plus tard devenu le sixième Patriarche, qui alla visiter le cinquième Patriarche. Voici Hui-neng qui arrive, un jeune freluquet, très sûr de lui, rempli de toutes sortes de sagesses. Pour le tester, le cinquième Patriarche lui dit : « Dans le Sud de la Chine d'où tu viens, j'ai entendu dire qu'il n'y a pas de Bouddhadharma ! » Hui-neng répliqua : « Le Bouddhadharma ne connaît ni nord, ni sud, ni est, ni ouest. » Quelle que soit la génération, quel que soit l'âge, quelle que soit la culture, quel que soit le pays, la Vérité est universelle. Peu importe votre éducation, votre formation, votre conditionnement, peu importe (croyez-moi ou non) à quel point nous avons été maltraités par nos parents, malgré tout nous sommes capables de réaliser cette Vérité. Même vous, dans cette vie-ci.

Il y en a parmi vous qui pensent : « Je ne pourrai jamais y arriver en une seule vie ; cela me prendra une vie après l'autre ! » Mais à chaque moment, cela se trouve juste à un pas d'où vous êtes. Vous pouvez avancer dans la mauvaise direction, puis faire demi-tour et le voilà. Ce n'est jamais plus loin que ce moment, que ce sol sous vos pieds. Cela se trouve juste sous vos yeux. Vous pouvez être un monsieur je-sais-tout complètement ignorant et, juste l'instant qui suit, vous êtes un bouddha !

C'est ce que l'on veut dire par l'école soudaine. Avant son illumination, Tokusan était une autorité tellement renommée du Sutra du Diamant que les gens l'appelaient « le maître du Diamant ». Il croyait que cela prenait des vies entières pour devenir un bouddha et que tous ceux qui enseignaient que l'on pouvait atteindre l'état d'illumination en un seul instant étaient des hérétiques. Il partit en voyage pour défier tous ces maîtres et il fut défait par Maître Ryutan (Lung-tan Chung-hsin). À l'instant où le maître souffla une bougie dans le noir, Tokusan eut une soudaine réalisation. Il brûla tous ses sutras par la suite.

Sans égard pour nos idées préconçues, il n'y a pas un seul individu qui ne soit capable d'avoir un éveil soudain. Cela dépend seulement de la force de votre désir, et de votre détermination. Avec une grande détermination, vous pouvez le faire ; avec une détermination minimale vous ne pouvez pas. L'idiot désespéré le fera, le frimeur arrogant ne pourra pas. Celui qui reste en contrôle, celui qui garde une façade, qui simule l'équanimité, celui qui n'est pas disposé à lâcher prise complètement, ne pourra pas y arriver. Celui qui est disposé à abandonner, à lâcher corps et esprit, le réalisera ; celui qui s'accroche à quelque chose ne pourra pas. Lâchez simplement tout.

Et cette vérité ne peut ni augmenter ni diminuer
dans le temps ou dans l'espace ;
en elle, une seule pensée équivaut à dix mille ans.

Nous ne pouvons rien ajouter à cette Vérité et nous ne pouvons rien enlever. Elle est au-delà de savoir ou ne pas savoir. Elle est au-delà de ceci et cela ; au-delà du passé et du futur, de l'ici et maintenant. Elle n'est pas quelque part ailleurs et elle n'est pas ici non plus. Si vous la connaissez, vous l'avez déjà perdue. Si vous ne la connaissez pas, vous ne la connaîtrez jamais. Et pourtant, chacun de nous n'arrête pas de s'en servir librement. Ce qui signifie que chacun d'entre nous est déjà libre. La Vérité est présente en ce moment même ; mais dès que vous essayez de la saisir, elle se dérobe. Si vous vous détournez d'elle, vous ne la saisirez jamais. Que pouvez-vous faire ? Simplement l'être.

13.

L'infinité vide.

Vide ici, vide là-bas,
cependant l'univers infini est là,
toujours devant vos yeux.
Infiniment grand et infiniment petit,
aucune différence, car les définitions sont abolies,
on ne voit plus de limites.
De même avec Être et non-Être.
Ne perdez pas votre temps dans le doute et les arguments
qui n'ont rien à voir avec cela.

Vide ici, vide là-bas,
cependant l'univers infini est là,
toujours devant vos yeux.

Ceci me rappelle les quatre propositions de Rinzai. La première est que tous les dharmas sont vides. Il est plutôt facile d'avoir un aperçu de cela : le monde dans lequel nous vivons, tout, est vide. Ayant vu cela clairement, il ne me restait plus rien excepté le Dharma, excepté la pratique. Le monde, tout ce que je faisais, tout ce que je recherchais, toutes mes ambitions, mes désirs, tout ce que je voulais, tout était entièrement vide et sans but. La façon dont nous avons mené notre vie, comment nous avons été formés et conditionnés pour courir après toutes sortes de choses : un nom, la gloire, la fortune, une position ; tout cela est complètement vide de sens.

La seconde proposition de Rinzai déclare que le moi, ce corps même, est vide : pas de nature propre, pas d'entité, seulement de l'espace libre. Il n'y a rien à quoi on peut s'accrocher qui s'appelle *je* ou *moi*, donc personne pour se fâcher ; plus personne pour être en colère ou avoir peur. Le second niveau est en fait de réaliser cela.

Ensuite, en troisième lieu, vient la réalisation que tous les dharmas ainsi que le corps et l'esprit sont vides. C'est précisément l'état que nous appelons la Grande Mort, *dai kensho*. Et, simultanément, en quatrième lieu, lorsque nous mourons de la Grande Mort, lorsque nous faisons pleinement l'expérience que tous les dharmas et le moi sont vides, alors nous avons ce qu'on appelle la grande renaissance ou la grande libération : une nouvelle vie, la vie qui est non-née et qui ne meurt pas, la liberté complète.

Ces quatre propositions exposent exactement ce que le troisième Patriarche dit ici : « Le vide ici, le vide là-bas » signifie le moi est vide et tous les dharmas sont vides. Et lorsque l'univers vide « se trouve toujours devant nos yeux », c'est cela, la grande renaissance. Certains d'entre vous viennent en *daisan* en disant : « Rien n'existe. » Je demande : « Montrez-moi ce rien. » Regardez autour de vous : les gens, la moquette, l'autel, les fleurs, les arbres, la terre; partout où vous allez, il y a l'univers infini. Cet univers infini, toute chose, tout ce vous voyez, est néant; mais vous ne pouvez pas séparer le rien du quelque chose. Notre esprit est tellement insensé. Nous voulons séparer le vide de la forme, le sans-forme de la forme. Mais le sans-forme est la forme. La forme est le sans-forme. Tous les dharmas, toutes les choses, sont vides. L'univers infini, toutes les planètes, toutes les étoiles, tout le cosmos, tout est vide, infiniment petit, petit jusqu'à l'infinitésimal. Zéro!

Voilà ce qu'il y a de beau : peu importe quelle direction vous prenez, vous arrivez au même point. Si vous élargissez votre esprit pour inclure tout l'univers, si vous le grandissez à l'infini, il n'a plus d'extérieur, plus de frontière. Il est sans limites, sans bornes, infini. C'est cela, zéro; c'est cela, rien. Il n'y a pas d'intérieur non plus; pas de moi, pas de nature séparée. Ou bien, prenez l'extrême opposé : concentrez votre esprit sur une seule chose. Focalisez-le comme une loupe sur une toute petite tache, un point. Puis réduisez ce point jusqu'à rien : vous aurez devant vos yeux toute chose, un univers infini, l'infinité vide.

Voilà notre nature essentielle. Où demeure cette essence? Nous disons qu'elle ne demeure pas, mais où est cet endroit de non-demeure? Toute chose, cette forme, ce corps que voici. L'univers infini se trouve toujours devant vos yeux. Fermez les yeux : rien. Ouvrez les yeux : voilà l'univers. Vous ne pouvez pas vous en débarrasser. Parfois nous voulons annihiler l'univers; nous entendons parler du vide ou nous en faisons l'expérience et nous imaginons que nous pouvons tout éliminer.

Infiniment grand et infiniment petit,
aucune différence, car les définitions sont abolies,
on ne voit plus de limites.

C'est de cela qu'il s'agit dans notre assise : lâcher toutes les définitions. Nous sommes tellement occupés à définir : notre position, notre travail, nos mots, nous définir nous-mêmes. Que sont les mots ? Les mots sont la prison dans laquelle nous habitons. Nous disons que le zen dépasse le mot et la lettre, parce que nous utilisons les mots pour nous emprisonner. Beaucoup de koans nous donnent précisément l'opportunité de nous libérer de l'esclavage des mots.

Nous nous fixons sur un mot ou une expression et nous ne sommes plus libres. Par exemple : « Comment pouvez-vous manger quelque chose ou boire du thé sans utiliser vos lèvres ? » Vous essaieriez une paille ? Je pense que certains d'entre vous le feraient. Je me souviens d'avoir donné un koan que j'avais inventé : « Comment pouvez-vous sortir de cette pièce sans utiliser vos mains ? » Il y eut des tentatives merveilleuses : utiliser les pieds, les coudes, ou même la bouche, sauter et s'agrip-per pour essayer de tourner le loquet de la porte.

Voilà comment on reste coincé dans les mots. Par exemple, prenez ce koan : « Avoir les mains vides et pourtant tenir un bâton. » Comment peut-on avoir les mains vides et tenir un bâton ? C'est complètement contradictoire. Quelle est notre peur ? Si mon univers n'est pas clairement défini, quel va être mon rapport avec lui ? Le mot « rapport » lui-même est le problème. Je ne peux avoir de rapport qu'avec quelque chose d'autre que moi-même. Beaucoup de koans reposent là-dessus, comme celui-ci : « Quel est le son d'une seule main ? » Une des questions de vérification est : « Comment coupez-vous une seule main en deux? » J'ai toujours peur que quelqu'un vienne me présenter quelques doigts amputés ou que quelqu'un entre et se coupe la main en deux. Dans ce cas, je devrais la lui rendre et dire : « Non, c'est faux. »

Quelqu'un a dit un jour que l'univers entier n'est rien d'autre qu'une grande épée, l'épée de Manjushri (Monju). Manjushri est le bodhisattva de la sagesse; son épée transperce toute ignorance et apporte l'illumination à tous les êtres. Mais il y avait une personne que Manjushri n'avait jamais pu illuminer. Qui était-ce? Vous pensez que c'est vous? Non, c'était Vimalakirti, un laïque dont l'accomplissement spirituel était sans égal. Vimalakirti était malade et le Bouddha demanda à tous ses disciples d'aller voir ce qui n'allait pas. Tous y allèrent, l'un après l'autre, et ils eurent un débat sur le Dharma avec Vimalakirti. Lorsque Manjushri demanda à Vimalakirti pourquoi il était malade, il répondit: « Tous les êtres vivants sont malades, c'est pourquoi je suis malade. Ma maladie durera aussi longtemps qu'il y a de l'ignorance et de l'attachement au moi. Aussi longtemps qu'il y a des êtres malades, je resterai moi-même malade. Lorsque tous les êtres seront libérés de l'ignorance, alors le bodhisattva sera libéré de la maladie. Car les bodhisattvas chérissent tous les êtres comme leurs propres enfants. La maladie du bodhisattva provient de sa grande compassion. »

Nous devons être en suffisamment bonne santé pour tomber malades. Tant que nous essayons d'être forts, de nous défendre, nous ne pouvons pas nous permettre de tomber malades. Nous nous forçons à rester en bonne santé parce que nous ne nous sentons pas assez forts pour être vulnérables; nous ne pouvons pas nous permettre d'être faibles. Vimalakirti, dans sa grande compassion, resta malade.

Kanzéon (Kuan-yin), ou Kannon, l'incarnation de la compassion, est exactement pareil. Puisque tous les êtres vivants sont dans l'ignorance, Kanzéon reste dans l'ignorance. L'ignorance est un concept ; l'illumination est un autre concept. La santé est un concept ; la maladie est un autre concept. Nous recherchons la santé et nous essayons d'éviter la maladie, nous recherchons l'illumination et essayons de fuir l'ignorance. Tous ne sont que des concepts !

Sans concepts nous nous retrouvons non délimités, non définis, et notre plus grande peur est de vivre sans limites, sans définitions. Bien sûr, quand nous n'avons pas de limites, nous sommes vulnérables. Tout le monde, toute chose, peut entrer. Il n'y a plus de séparation, plus de barrières pour nous protéger. C'est pourquoi nous mettons des limites personnelles, pour nous protéger des gens, des choses, de la maladie, des accidents, et ultimement de la mort. D'abord nous nous définissons : *moi* contre *toi, moi* contre ce qui n'est pas *moi.* Ensuite nous renforçons la frontière, en construisant un mur plus gros et plus résistant. Très vite nous avons un mur vraiment épais autour de nous. Nous sommes complètement protégés contre ce qui n'est pas *moi.*

Un jour nous faisons volte-face et nous réalisons ce que nous avons fait : nous nous sommes emprisonnés nous-mêmes. Nous pouvons empêcher le monde d'entrer, mais maintenant nous sommes coincés à l'intérieur. Nous nous demandons alors : « Comment suis-je arrivé dans cette cellule de prison ? Qui m'a fait cela ? Qui sont les coupables ? » Nous nous demandons pourquoi nous ne pouvons rien ressentir, pourquoi nous ne pouvons rien voir, rien sentir, rien goûter. La première fois que j'ai réalisé ceci, j'étais stupéfait : j'entendais l'univers pour la première fois. Et les sons ! Je n'avais jamais su qu'ils étaient là, parce que j'avais dressé un mur de brouillard entre moi-même et le monde et j'avais vécu dans cette purée de pois, dans laquelle je me vautrais et me débrouillais sans rien voir ni entendre.

Notre pratique consiste à casser ce mur. D'abord nous essayons de l'enfoncer, mais nous découvrons qu'il est solide comme du béton ou du fer. Nous devons cogner dedans sans répit jusqu'à ce que nous réalisions finalement combien il est épais. Nous essayons encore et encore et encore, mais sans résultat ; cela ne semble nous mener nulle part. Finalement, après avoir tant essayé, nous faisons volte-face et découvrons que pour sortir nous pouvons emprunter la porte même par laquelle nous sommes entrés. Cela veut dire que nous réalisons que nous avons créé ce mur dans notre tête en nous définissant et en nous collant des étiquettes dessus. Si nous cessons de produire des concepts sur nous-mêmes, il n'y a plus ce genre de barrière. Le mur n'était pas réel dès le départ. C'est exactement ce que signifie le nom du fameux recueil de koans, *Mumonkan* : « la passe sans porte ». Il n'y a jamais eu de mur, jamais de barrière, jamais rien à traverser.

Et pourtant, au début nous faisons certaines expériences qui nous donnent l'impression de franchir quelque chose. Quelque chose lâche et il y a un sentiment momentané de liberté, de paix, de libération. Bien sûr, nous cherchons immédiatement quelque chose d'autre à franchir. Et nous voilà sur les montagnes russes ; nous sommes pris à l'hameçon. Nous nous acharnons et plus nous nous acharnons, plus nous voyons que cela ne nous mène nulle part. Maintenant nous croyons vraiment qu'il y a quelque chose à franchir. Nous nous souvenons du sentiment de liberté que nous avons eu lorsque quelque chose a lâché et nous voulons répéter cette expérience, que cela ait été au sommet d'une montagne, assis au bord d'une rivière ou au bord de l'océan, ou la sensation d'une brise, ou peu importe quoi. Donc nous essayons encore et encore, sans résultat, et un jour, n'essayant pas du tout, nous nous détendons simplement et voilà que cela arrive à nouveau. Nous voulons alors que cela soit permanent.

Vous voyez à quel point nous sommes avides ? Nous voudrions que cet état dure pour toujours, comme John Lennon, qui essaya de prendre du LSD en permanence pour qu'il n'ait jamais à redescendre. Finalement, après plusieurs centaines de trips d'acide, il a dû s'arrêter, et où était-il à ce moment-là ? De retour dans la prison, quelques centaines de trips d'acide plus tard. C'est une attitude dualiste de ne pas aimer les choses comme elles sont, de ne pas être satisfait de ce minable monde d'ignorance. Quand nous avons fait l'expérience de quelque chose, nous en voulons toujours davantage. C'est ce que veut dire l'expression : ayant goûté déjà trois coupes du meilleur vin, nos lèvres ne sont toujours pas humectées.

Un des quatre disciples de Bodhidharma, la fille de l'empereur Wu, a dit : « Une fois je l'ai entrevu, et je n'ai plus jamais regardé en arrière. » Autrement dit : « Je ne l'ai jamais cherché à nouveau. » Qui est capable d'abandonner toute recherche, toute quête, *complètement* comme elle l'a fait ? Si vous ne pouvez pas lâcher, alors au moins cherchez complètement. Que se passe-t-il quand vous faites quelque chose totalement ? Si vous vous abandonnez complètement à la souffrance, qu'arrive-t-il à votre souffrance ? Elle disparaît. Si vous êtes en colère et que vous êtes complètement en colère, que vous ne vous retenez pas, que se passe-t-il avec la colère ? Elle se dissout tout simplement.

Que se passe-t-il ensuite, si vous cherchez complètement, à cent pour cent ? La recherche s'arrête, alors vous pensez que vous avez commis une faute : « Je n'ai pas essayé assez fort. Peut-être la prochaine *sesshin...* » Le point clé : soyez un ! « Pas deux » est encore une meilleure façon de le dire. Quoi qu'il arrive, soyez un avec ce qui arrive ; ne soyez pas séparé, ne vous partagez pas en deux.

Nous avons un koan : « Tous les dharmas ne sont rien d'autre que l'esprit. À quel endroit est-ce que vous cherchez l'esprit ? » « Où se trouve l'esprit ? Où est-il allé ?... Il était ici il y a juste une minute ! » C'est exactement ce que nous faisons : nous avons un petit avant-goût, et immédiatement, on se met à chercher, essayant très sérieusement de le retrouver, plutôt que d'être simplement un avec notre ignorance, notre souffrance. Pourquoi est-ce que nous compliquons tout ? Pourquoi est-ce que nous voulons toujours que les choses aillent mieux ?

De même avec Être et non-Être.
Ne perdez pas votre temps dans le doute et les arguments
qui n'ont rien à voir avec cela.

Être ou ne pas être était une question importante pour moi : « Est-ce que j'existe ou pas ? » Notre esprit rationnel le voit bien sûr en termes de ou ceci/ou cela :

soit nous existons soit nous n'existons pas. Si nous nous asseyons suffisamment longtemps, nous commençons à réaliser : « Peut-être que je n'existe pas. » Puis nous regardons autour de nous : « Mais qu'est-ce qui bouge, qu'est-ce qui entend, qu'est-ce qui voit, qu'est-ce qui marche ? Il doit bien y avoir quelque chose qui fait tout cela. Je dois exister quand même ! » Pourtant dans nos petites expériences, dans les petites ouvertures que nous avons, rien n'existe. Rien ! Notre esprit logique ne peut simplement pas concilier les deux. Ou bien nous existons ou bien nous n'existons pas. Nous voulons toujours nous figurer les choses, comprendre, savoir. Est-ce que nous choisissons d'être ou de ne pas être ? D'aller ou de venir ? La vie ou la mort ?

Nous pensons que la vie et la mort sont des phénomènes séparés. Nous ne pensons jamais à la vie et à la mort comme une seule et même chose ; ce serait illogique. Seulement, il y a un problème, un petit problème : la réalité n'est pas logique. La Vérité n'est pas rationnelle ; seuls nos esprits le sont. Nous sommes tellement égocentriques, tellement arrogants, que nous voulons faire de la réalité un concept, réduire la vie à une idée logique. Nous passons tout notre temps à chercher un concept de la Vérité, mais la Vérité est ce qui reste quand nous abandonnons tous les concepts. Ensuite, il n'y a plus qu'à se gratter quand ça nous démange.

14.

Vivre dans cette Foi.

Une chose, toutes les choses :
se mouvoir et se mélanger,
sans faire de différence.
Vivre dans cette réalisation
c'est ne pas se soucier de la non-perfection.
Vivre dans cette foi, c'est le chemin vers la non-dualité,
parce que le non-duel est un avec l'esprit de foi.

Des mots !
La Voie est au-delà du langage,
en elle, il n'est
ni hier
ni demain
ni aujourd'hui.

Une chose, toutes les choses :
se mouvoir et se mélanger,
sans faire de différence.

Lorsque nous abandonnons notre esprit dualiste et discriminant, lorsque nous laissons tomber les limites et les étiquettes, alors chaque chose est comme elle est : changeant constamment, se mouvant, se mélangeant, inséparable ! C'est ce que nous appelons dans le bouddhisme le réseau d'Indra : chaque chose communique avec toute chose, et chaque chose reflète toutes les autres choses.

Vivre dans cette réalisation
c'est ne pas se soucier de la non-perfection.

Nous sommes prisonniers de nos efforts pour être parfaits. Si nous avons réellement confiance en notre pratique, nous pouvons nous jeter complètement dans notre zazen, sans essayer de devenir quoi que ce soit, d'obtenir quoi que ce soit, et de nous débarrasser de quoi que ce soit.

Parfois nous disons que dans cette pratique il s'agit de dépasser la souffrance et de nous libérer du malheur. C'est peut-être pourquoi nous nous asseyons, parce que notre vie a été remplie d'insatisfaction, solitaire, pleine de dépression, d'angoisse, de peurs, et de situations pénibles, et nous voulons nous débarrasser de tout cela. Mais le désir de se débarrasser de quelque chose implique justement que nous avons mal compris. Pourquoi ne pas apprécier ces conditions variées ? Que serait la vie sans le côté fade, ennuyeux, même douloureux des choses ?

Quand nous mangeons, nous aimons parfois mettre un peu d'assaisonnement dans la nourriture. Comme les épices, ces conditions désagréables rendent la vie intéressante. Parfois nous sommes contrariés, parfois en colère, parfois remplis de joie, parfois déprimés. Pourquoi passer notre temps à mépriser et essayer de fuir ces divers sentiments ? Invitez-les, accueillez-les, sachant que notre pratique est de ressentir pleinement tout ce qui se présente, d'être complètement un avec tout ce qui surgit.

Pourquoi trier et choisir ? On devrait avoir seulement de bons sentiments, de bonnes pensées, seulement de la joie ? Même si cela était possible, une telle attitude serait une pratique bien pauvre. Asseyez-vous sans tenir à vos préférences pour ou contre quoi que ce soit, soyez ouverts à tout ce qui se présente. Nous avons refoulé tant de choses, pendant si longtemps, essayant de garder le contrôle, craignant même d'être capable de tuer quelqu'un, que nous sommes devenus comme des volcans ambulants. Une fois que nous nous ouvrons réellement, que nous ouvrons notre cœur, alors tout ce qui est prêt à surgir surgit tout simplement. Si nous acceptons de tout ressentir, d'être un avec tout, alors tout va bien : nous pouvons nous détendre et laisser les choses se relâcher à leur gré.

Pendant ma première année de pratique, j'ai vécu seul dans une cabane dans les montagnes recevant un visiteur de temps en temps. Les gens me demandaient si je ne me sentais pas seul, mais pendant toute ma vie j'avais été tellement entouré, qu'à ce moment-là j'étais affamé de solitude et ce fut un vrai plaisir pour moi d'être seul. Mais d'une certaine façon, dans notre société on nous donne l'idée qu'on ne peut pas aimer être seul. Au coucher du soleil, après une longue assise, je buvais un petit coup de vin et je passais simplement du temps avec moi-même. C'était une expérience profondément plaisante, et c'était la seule fois de ma vie où j'ai écrit de la poésie. Beaucoup de colère est remonté aussi. C'était affreux ; j'ai dû accepter que cette colère soit à moi et à personne d'autre. Mais une fois que je l'eus acceptée, la colère se changea en énergie positive, et elle devint une force pour faire zazen. Notre pratique est d'inclure toutes les choses, de ne rien fuir ni exclure. Une pratique qui inclut tout, c'est ce que signifie *shikantaza*.

Renoncez à essayer de devenir parfait. Est-ce que vous vous rendez compte que ce que la plupart des gens préfèrent en vous, ce sont vos imperfections ? Lorsque j'enseignais à l'école, je me souviens que parfois toute une salle de classe était remplie d'anges, mais il semblait que moi j'avais toujours les diables. Je l'admets, je les encourageais. Ils étaient plus intéressants, beaucoup plus pittoresques que les anges. Mes étudiants favoris étaient ceux avec lesquels j'avais le plus de difficulté. Je me rappelle encore leurs noms, mais pas les noms des anges.

Être sans défaut, ce n'est pas être parfait. Si vous êtes un ange parfait, c'est écœurant. Maezumi Roshi disait que si vous essayez de vivre en accord avec les préceptes et que vous pensez que vous réussissez réellement à les maintenir, vous êtes malade ; à cet instant même, à cause de votre arrogance, vous êtes en train de les transgresser. Dès lors que vous pensez que vous êtes parfait, les choses ne vont plus.

Ayez foi et confiance dans ce que vous êtes et ne vous asseyez pas pour devenir parfait. Asseyez-vous parce que c'est votre vraie nature qui est en train de se réaliser quand vous êtes assis ; c'est une raison suffisante pour le faire. Autrement dit, vous ne vous asseyez pas dans le but de devenir une personne illuminée, mais plutôt, puisque vous êtes déjà une personne éveillée, vous vous asseyez.

Mais est-ce qu'il suffit vraiment de s'asseoir ? Je ne suis pas en train de dire qu'il ne faut pas continuer à clarifier notre compréhension, mais à un certain moment, même le désir de clarification deviendra une entrave. Donc faites un pas de plus : asseyez-vous et soyez un avec le désordre. N'essayez pas de vous débarrasser de la confusion ou de l'illusion ; n'essayez pas de comprendre ou de chercher l'illumination.

Au début de notre pratique nous pensons que nous avons réalisé quelque chose et que nous savons où nous allons, mais d'une certaine façon, au fur et à mesure que nous progressons, on a l'impression d'en savoir de moins en moins. Après quelques années, dans la même mesure que nous voulons réellement savoir, nous avons l'impression de ne pas savoir beaucoup. Allez au-delà de savoir ou de ne pas savoir. En cours de route, il y a des stades où l'on ne sait pas et où l'on ne pense même pas qu'on sait, et puis il y a ce moment où nous sommes au-delà de savoir ou de ne pas savoir, lorsque nous savons clairement que nous ne savons pas, et qu'il est impossible de savoir. Quand vous savez de cette façon, vous pouvez réellement dire : « Je ne sais *pas* ! » avec une certitude absolue. À ce moment vous savez ce que tous les maîtres illuminés ont su. C'est ce qu'on appelle réellement voir avec le non-esprit. Et qu'est-ce que ce non-esprit ? Cet esprit même : votre vie et votre pratique – elles ne sont pas séparées.

Nous avons parfois peur que si nous lâchons vraiment ce à quoi nous nous accrochons si fort, le but de devenir quelqu'un d'exceptionnel, et si nous acceptons pleinement que la pratique est d'être ordinaire, alors nous allons perdre notre motivation et notre détermination et finalement abandonner la pratique. En fait, nous nous accrochons à un but illusoire pour maintenir notre pratique ! Seulement lorsque nous abandonnons ce but pouvons-nous voir que la pratique est notre vie ; je ne peux pas l'abandonner, il n'y a pas moyen d'arrêter. Même si nous ne nous asseyions plus jamais sur un coussin, la pratique continuerait. Comment pouvons-nous abandonner notre vie même ? La vie et la pratique font un, sur le coussin et loin du coussin.

Si j'abandonnais l'assise maintenant et que je me remette à faire de la natation, je serais toujours la même personne, qui ne s'en porterait pas plus mal. Mais avec ce genre d'attitude ouverte, il n'est pas possible que vous cessiez de vous asseoir non plus ; vous pouvez laisser tomber vos craintes que vous pourriez arrêter. Sans plus aucune crainte à cet égard, vous n'avez pas besoin d'une raison pour vous asseoir et vous n'avez pas besoin de créer un objectif ou un but pour vous aider à continuer. Alors vous pouvez vraiment vous asseoir ou simplement vous reposer ou simplement faire le ménage ou simplement travailler ; vous n'avez pas besoin de vous efforcer d'atteindre la perfection.

Sans vous efforcer d'atteindre la perfection quand vous pratiquez, la perfection deviendra d'elle-même la vraie perfection, ce qui veut dire la perfection absolue qui dépasse la perfection relative, qui inclut l'imperfection. Elle inclut toutes vos humeurs : quand vous êtes triste, la tristesse ; quand vous vous sentez seul, la solitude complète ; quand vous êtes heureux, le bonheur total. Qu'y a-t-il de si difficile à cela ? Nous devons simplement lâcher tous ces *il faut* et *il ne faut pas.*

Vivre dans cette foi, c'est le chemin vers la non-dualité,
parce que le non-duel est un avec l'esprit de foi.

Au début de la pratique la chose la plus importante est la foi, au milieu de la pratique la chose la plus importante est la foi, et à la fin de la pratique la chose la plus importante est la foi. Vivre dans cette foi, c'est vivre une vie de non-dualité, vivre de façon non-dualiste veut dire vivre dans cette foi. Ce que nous appelons la foi ne veut pas dire la foi en quelqu'un ou en quelque chose de particulier. Notre foi dans le « pas quelque chose » est plutôt comme la confiance ou le courage, le courage de surmonter la peur, de nous donner corps et âme à tout ce que nous faisons. Quand il est temps de faire un travail ou une corvée, cela devient un jeu d'enfant dès lors que nous nous jetons complètement dedans, que nous nous y donnons corps et âme. Être un avec tout ce que nous faisons, vivre de façon non-dualiste, veut dire être libre de la peur et de la souffrance.

Le fonctionnement de la vie non-dualiste est la compassion. Lorsque vous vivez réellement dans la non-dualité, alors pourquoi essaieriez-vous de blesser quelqu'un d'autre ? Ce serait comme de vous amputer de vos propres bras ou jambes. Si vous avez vraiment besoin d'être amputé, il faut le faire, mais vous ne passez pas votre temps à vous blesser intentionnellement si ce n'est pas nécessaire.

Des mots !
La Voie est au-delà du langage,
en elle, il n'est
ni hier
ni demain
ni aujourd'hui.

Ne vous laissez pas arrêter par les mots et les concepts. Je suis obligé d'utiliser des mots quand je fais des exposés, mais ne vous attachez pas à ces mots. Laissez-les partir aussi vite qu'ils viennent. Si les mots allument quelque chose en vous, c'est bien ; sinon, c'est bien aussi. En tous les cas, ne vous y accrochez pas. Lorsque je demande à mes disciples comment était l'exposé, s'il y avait quelque chose qu'ils ont particulièrement aimé, et qu'ils me disent qu'ils ne peuvent pas se rappeler, c'est très bien. Je ne me souviens jamais non plus. Je me souviens seulement du sentiment d'avoir aimé ou non, jamais des paroles. Je laisse les paroles simplement me traverser comme le vent qui souffle dans le ciel clair et vide.

Texte du **Hsin hsin ming**

Inscription sur l'esprit de foi

par Seng-ts'an (Sosan Zenji), troisième Patriarche chan (Zen)

La Grande Voie n'est pas difficile
pour ceux qui sont sans préférences.
Dans l'absence d'amour et de haine,
tout devient clair et transparent.
Mais, faites la moindre distinction,
et le ciel et la terre sont infiniment séparés.
Si vous voulez voir la vérité,
ne soyez ni pour ni contre rien.
Opposer ce que vous aimez à ce que vous détestez
est la maladie de l'esprit.
Quand le sens profond des choses n'est pas saisi,
la paix essentielle de l'esprit est troublée en vain.

La Voie est parfaite comme le vaste espace
ou rien ne manque et rien n'est superflu.
En choisissant d'accepter ou de rejeter
nous ne voyons pas la vraie nature des choses.
Ne vivez ni dans l'enchevêtrement des choses extérieures
ni dans le sentiment intérieur de vacuité.
Demeurez dans la sérénité de l'Un,
et de telles vues erronées disparaîtront d'elles-mêmes.
Arrêter l'activité pour atteindre la passivité,
cet effort même vous remplit d'activité.
Tant que vous demeurez dans les deux extrêmes,
vous ne connaîtrez jamais l'Un.

Ceux qui ne vivent pas dans la Voie unique
échouent dans l'activité comme dans la passivité,
dans l'affirmation comme dans la négation.

Nier la réalité des choses
c'est passer à côté de leur réalité;
affirmer la vacuité des choses
c'est passer à côté de leur réalité.
Plus vous y pensez et plus vous en parlez,
plus vous vous éloignez de la vérité.
Arrêtez de parler et de penser
et il n'y a rien que vous ne puissiez connaître.
Retourner à la racine, c'est trouver le sens,
mais courir après les apparences,
c'est manquer la source.
À l'instant de l'illumination,
apparence et vacuité sont dépassées.
Les transformations apparentes du monde vide,
nos vues fausses les croient réelles.
Ne cherchez pas la vérité;
cessez seulement de chérir vos opinions.

Ne demeurez pas dans l'état dualiste;
évitez soigneusement de le poursuivre.
S'il y a la moindre trace
de ceci ou de cela, de bien ou de mal,
l'Esprit se perd dans la confusion.
Toutes les dualités proviennent de l'Un,
pourtant ne vous attachez même pas à cet Un.
Quand l'esprit demeure en paix dans la Voie,
il n'y a rien au monde qui ne soit offensif,
Et lorsqu'une chose ne peut plus offenser,
elle cesse d'exister à la façon ancienne.

Plus de pensée discriminante,
et l'esprit ancien cesse d'exister.
Lorsque les objets disparaissent,
le sujet disparaît aussi;
lorsque l'esprit s'évanouit, les objets s'évanouissent.
Les choses sont objets

parce qu'il y a sujet ou esprit;
et l'esprit est sujet parce qu'il y a objets.
Comprenez la relativité des deux
et la réalité fondamentale : unité du vide.
Dans ce vide, les deux sont indifférenciés
et chacun contient en soi le monde entier.
Si vous ne distinguez pas entre le fin et le grossier,
vous ne serez pas tenté par le pour et le contre.

Vivre dans la Grande Voie
n'est ni facile ni difficile.
Mais ceux qui ont des vues limitées
sont craintifs et irrésolus :
plus ils se hâtent, plus ils vont lentement.
Il n'y a pas de limite à l'attachement;
s'attacher même à l'idée d'illumination
c'est faire fausse route.
Laissez les choses suivre leur propre chemin
et il n'y a ni allée ni venue.

Obéissez à la nature des choses
et vous marcherez libre et tranquille.
Quand la pensée est enchaînée, la vérité est cachée,
car tout est obscur et trouble.
L'accablante pratique de juger
entraîne ennui et lassitude.
À quoi bon les distinctions et séparations?

Si vous souhaitez cheminer sur la Voie Unique,
ne détestez ni le monde des sens ni celui des idées.
Les accepter pleinement
c'est l'illumination véritable.
Le sage ne poursuit aucun but
alors que le sot s'enchaîne lui-même.
Il y a un seul Dharma, pas plusieurs;

les distinctions naissent du besoin d'attachement des ignorants.
Chercher l'Esprit avec l'esprit discriminant
est la plus grave de toutes les erreurs.

Le calme et le trouble proviennent de l'illusion;
dans l'illumination il n'y a ni attraction ni aversion.
Toutes les dualités découlent de la déduction ignorante.
Elles sont comme des rêves de fleurs dans les airs :
il est fou d'essayer de les saisir.
Gain et perte, vrai et faux :
de telles pensées doivent finalement être abolies d'un coup.

Si l'œil ne dort pas,
Les rêves s'évanouissent naturellement.
Si l'esprit ne fait pas de différences,
alors les dix mille choses sont comme elles sont,
d'une essence unique.
Comprendre le mystère de cette Essence Une
c'est être libéré de tous les enchevêtrements.
Quand toutes les choses sont vues avec équanimité
l'Essence intemporelle du Moi est atteinte.
Comparaisons et analogies n'existent plus
dans cet état sans cause et sans relation.

Considérez le mouvement dans l'immobilité
et l'immobilité dans le mouvement,
tous deux, mouvement et immobilité, disparaissent.
Lorsque de telles dualités cessent d'exister
L'Un lui-même ne peut pas exister.
À cette finalité ultime
aucune loi ou description ne peut s'appliquer.

Pour l'esprit unifié en accord avec la Voie
Tout effort égocentrique s'arrête.
Le doute et l'irrésolution disparaissent

et la vie dans la foi devient possible.
D'un seul coup nous sommes libérés de l'esclavage ;
rien ne s'attache à nous et nous ne nous attachons à rien.
Tout est vide, clair, s'illuminant de soi-même,
sans fatigue aucune de l'esprit.
Dans ce lieu, pensées, sentiments, connaissance, et imagination
sont sans valeur.
Dans ce monde de l'Ainsité
il n'y a ni moi ni autre-que-moi.

Pour s'accorder directement avec cette réalité
il suffit de dire lorsque le doute surgit : « Non deux. »
Dans ce « non deux » rien n'est séparé,
rien n'est exclu.
En tout lieu et en tout instant,
l'illumination est l'accès à cette vérité.
Et cette vérité ne peut ni augmenter ni diminuer
dans le temps ou dans l'espace ;
en elle, une seule pensée équivaut à dix mille ans.

Vide ici, vide là-bas,
cependant l'univers infini est là,
toujours devant vos yeux.
Infiniment grand et infiniment petit,
aucune différence, car les définitions sont abolies,
on ne voit plus de limites.
De même avec Être et non-Être.
Ne perdez pas votre temps dans le doute et les arguments
qui n'ont rien à voir avec cela.

Une chose, toutes les choses :
se mouvoir et se mélanger,
sans faire de différence.
Vivre dans cette réalisation
c'est ne pas se soucier de la non-perfection.

Vivre dans cette foi, c'est le chemin vers la non-dualité, parce que le non-duel est un avec l'esprit de foi.

Des mots!
La Voie est au-delà du langage,
en elle, il n'est
ni hier
ni demain
ni aujourd'hui.

Glossaire

ANUTTARA SAMYAK SAMBODHI (skt.) : éveil complet suprême.

ARHAT (skt.) : *Arhat* ou *arahant* était à l'origine un titre donné aux personnes de très haut niveau spirituel. Au temps des premiers bouddhistes, il s'appliquait à celui qui avait éliminé toutes les impuretés et qui n'avait « plus rien à apprendre ». Plus tard, la pratique d'*Arhat* fut opposée à la voie du bodhisattva, dans laquelle l'accent est mis sur la compassion envers les autres.

AVALOKITESVARA : *Voir* KANZEON.

AVATAMSAKA-SUTRA (skt. ; chin. *Hua-yen ching*; jap. *Kegon Kyo*) : littéralement : « sutra de la guirlande », il est dit que le *Avatamsaka-Sutra* regroupe les enseignements du Bouddha Shakyamuni pendant les trois semaines qui ont suivi sa grande illumination. Ce sutra expose l'interdépendance et l'interpénétration mutuelles de tous les phénomènes et il est le texte de base de l'école Hua-yen.

BANKEI YOTAKU (1622-1693) : un maître très populaire qui enseigna, dans une langue simple et directe, que nous sommes déjà l'esprit de bouddha non-né.

BASO (709-788) MAZU (chinois) : un des plus éminents maîtres chan, particulièrement connu pour son utilisation de nombreuses méthodes de formation. Il a eu 139 successeurs et il est célèbre à cause de nombreux dictons et incidents qui sont maintenant incorporés dans les cas de recueils de koans.

BODHIDHARMA (skt. ; jap. Daruma ; m. 532) : le vingt-huitième descendant du Dharma après le Bouddha Shakyamuni, Bodhidharma était le maître indien qui importa le zen en Chine, où il est devenu connu comme le premier Patriarche. Selon la tradition il est resté assis dans une grotte pendant neuf ans avant de transmettre le Dharma à Hui-k'o (jap. Eka), le second Patriarche en Chine (*voir* le *Mumonkan*, Cas 41). La célèbre strophe à quatre lignes, qui caractérise le zen, lui est attribuée :

Une transmission spéciale en dehors des écritures
Ne s'appuyer ni sur les mots ni sur les lettres.
Voir directement dans l'esprit de l'homme
Réaliser la vraie nature, devenir le bouddha.

BODHISATTVA (skt.) : littéralement : « être d'illumination » ; quelqu'un qui pratique la Voie du bouddha et qui avec compassion renonce à l'illumination finale pour aider les autres à atteindre l'état d'illumination ; le modèle dans le bouddhisme Mahayana.

BOUDDHA (skt.) : littéralement : « celui qui est éveillé » ; terme qui indique dans différents contextes le Bouddha historique, Shakyamuni ; des personnes illuminées qui ont atteint la bouddhéité ; et la vérité essentielle, la vraie nature de tous les êtres. *Voir* NATURE DE BOUDDHA et SHAKYAMUNI.

BOUDDHADHARMA (jap. *buppo*) : la vraie réalisation de la vie ; la Voie à suivre afin d'atteindre cette réalisation selon les enseignements du Bouddha Shakyamuni.

DAI KENSHO (jap.) : ce terme fait référence à la grande illumination ou l'expérience de la « Grande Mort », qui permet de voir complètement à l'intérieur de sa vraie nature au-delà de tout doute. *Voir* KENSHO.

DAISAN (jap.) : une rencontre face à face entre un disciple zen et un sensei, pendant laquelle la compréhension du disciple est mise à l'épreuve et stimulée et au cours de laquelle le disciple peut consulter le maître sur toute question qui découle directement de la pratique.

DAI SHIN (jap.) : grand cœur ou esprit, parfois appelé le Grand Esprit, dans lequel on ne fonctionne pas à partir de l'égocentricité.

DANA PARAMITA (skt.) : *Voir* PARAMITAS.

DHARMA (skt.) : les enseignements du Bouddha Shakyamuni ; la Vérité ; la doctrine bouddhique ; la loi universelle.

DÉBAT SUR LE DHARMA : un échange animé dans lequel deux disciples zen, ou le disciple et le maître, peuvent tester et aiguiser leur compréhension.

DHARMAKAYA (skt. ; jap. *hosshin*) : le premier des trois aspects de la nature de bouddha, connus comme les trois corps. Le *dharmakaya* indique l'absolu au-delà de toute discrimination ; la vérité inexprimable et la réalité transcendentale ; l'unité du bouddha avec tous les êtres. Le deuxième aspect, le *sambhogakaya*, renvoie aux bouddhas qui manifestent les pouvoirs qui proviennent de l'illumination parfaite. Le troisième, *nirmanakaya*, est la nature de bouddha dans sa forme humaine agissant pour le bienfait de tous les êtres vivants.

DHARMAS (skt.) : les phénomènes ; les éléments ou les constituants de l'existence.

DOGEN KIGEN ZENJI (1200-1253) : après une formation de neuf ans dans la lignée Rinzai, Dogen Zenji a entrepris le difficile voyage en Chine, où il étudia avec T'ien-t'ung Ju-ching (jap. Tendo Nyojo) et dont il est devenu le successeur dans le Dharma dans la lignée du zen Soto. Considéré comme le fondateur de l'école Soto japonaise, Dogen Zenji a fondé Eiheiji, le monastère de formation Soto principal, et il est le plus connu pour sa collection d'essais sur le Dharma, le *shobogenzo* (q.v.).

DOJO (jap.) : un lieu de pratique.

DOKUSAN (jap.) : une rencontre face à face entre un disciple zen et un roshi pendant laquelle la compréhension du disciple est mise à l'épreuve et stimulée, et au cours de laquelle le disciple peut consulter le maître sur toute question qui découle directement de la pratique.

DUHKHA (skt.) : la première Noble Vérité enseignée par le Bouddha Shakyamuni. Elle renvoie à notre insatisfaction, notre souffrance, notre aliénation et notre solitude fondamentales ; elle renvoie au fait que nous ne sommes pas en paix. La seconde Noble Vérité identifie la cause de cette souffrance à l'envie et au mépris, à nos attachements et à nos aversions, qui sont dus à notre ignorance. La troisième Noble Vérité déclare que la libération de tout attachement apporte la paix totale, le *nirvana*. La quatrième Noble Vérité est le Sentier octuple qui mène à cette libération. *Voir* SENTIER OCTUPLE ; NIRVANA.

ÉCOLE SOTO : la lignée zen fondée par les maîtres zen Tung-shan Liang-chieh (jap. Tozan Ryokai, 807-869) et Ts'ao-shan Penchi (jap. Sozen Honjaku, 840-901). La branche japonaise fut fondée par les maîtres zen Dogen Kigen (1200-1253) et Keizan Jokin (1268-1325).

EKA : le nom japonais du second Patriarche Hui-k'o, qui a reçu la transmission du Dharma de Bodhidharma et qui l'a donnée à Sosan (chin. Seng-ts'an), le troisième Patriarche, à qui le *Hsin hsin ming* est attribué. Eka est célèbre pour sa détermination inébranlable d'être le disciple de Bodhidharma. Lorsqu'il implora Bodhidharma d'apaiser son esprit, Bodhidharma demanda à Eka de lui montrer cet esprit. Quand Eka retourna le voir après dix jours d'effort ininterrompu et qu'il affirma qu'il ne pouvait absolument pas trouver son esprit, Bodhidharma confirma que son esprit avait maintenant été pacifié.

ENYADATTA (skt.) : le personnage d'une histoire racontée par le Bouddha Shakyamuni dans le *Sutra du Lotus*. Enyadatta pensait qu'elle avait perdu sa tête et chercha désespérément à la retrouver, tout en refusant de croire qu'elle l'avait toujours. Enyadatta qui cherche sa tête représente le disciple zen qui recherche sa propre nature. (Voir chapitre 6 pour une version plus détaillée de cette histoire.)

ESPRIT DE BODHI : un esprit dans lequel une aspiration à l'illumination a été éveillée.

ESPRIT DE BOUDDHA : *voir* ESPRIT DE BODHI.

ÉTUDE DES KOANS : l'étude intensive et non-intellectuelle des koans dans la méditation zen. La pensée discursive conventionnelle est dépassée et le disciple est encouragé à donner des réponses spontanées et directes qui expriment le cœur du problème en question. L'étude des koans aide le disciple à apprendre la structure du Dharma et aiguise sa *prajna*. *Voir* KOAN ; PRAJNA.

EXPOSÉ SUR LE DHARMA : *voir* TEISHO.

GANTO (828-887) : un des successeurs de Tokusan et un frère dans le Dharma proche de Seppo. Le grand cri de Ganto au moment de sa mort est devenu un grand koan pour beaucoup qui sont venus après lui, y compris le grand maître Hakuin Zenji.

GASSHO (jap.) : littéralement : « les paumes des mains jointes » ; un geste de respect qui exprime l'unité de l'être.

GRANDE MORT : *voir* DAI KENSHO.

HAKUIN EKAKU ZENJI (1686-1769) : le Patriarche du zen Rinzai japonais, duquel est issue la lignée de tous les maîtres Rinzai d'aujourd'hui. Il a systématisé l'étude des koans telle que nous la connaissons à ce jour et il est connu pour ses dessins et ses peintures, spécialement de Bodhidharma.

HARA (jap.) : l'endroit dans le bas-ventre qui est le centre de gravité physique du corps humain. Le *hara* devient un centre de conscience pendant le zazen.

HOSSHIN : *voir* DHARMAKAYA.

HYAKUJO (720-814) : Hyakujo a défini les règles de conduite des moines dans les monastères zen. Il était le maître d'Obaku, qui était le maître de Rinzai.

IDENTITÉ DU RELATIF ET DE L'ABSOLU (jap. *Sandokai*) : un des plus importants poèmes zen, ce sutra d'une grande profondeur est chanté quotidiennement dans les liturgies du zen Soto.

INKA (jap.) : le sceau d'approbation spécialement donné aux successeurs dans le Dharma de très haut niveau qui ont fini l'étude des koans et qui ont atteint la maturité nécessaire pour guider des disciples dans l'étude des koans aussi bien que dans la pratique du zazen.

JORIKI (jap.) : littéralement : « pouvoir de *samadhi* » ; l'énergie vitale, stabilisante, qui résulte d'une pratique du zazen intense. *Voir* SAMADHI.

JUKAI (jap.) : la cérémonie au cours de laquelle on reçoit les préceptes. Celui qui prend les préceptes, devient officiellement bouddhiste et reçoit un nom de Dharma. *Voir* PRECEPTS.

KANZEON (jap. aussi *Kannon*, ou *Kan Ji Sai Bosa* ; skt. *Avalokitesvara* ; chin. *Kuan-yin*) : littéralement : « celui qui entend les sons et les cris (ou les supplications) du monde » ; Kanzéon est l'un des principaux bodhisattvas dans la tradition du bouddhisme zen, et l'incarnation de la compassion. Alors qu'il est habituellement représenté sous la forme féminine, Kanzéon se manifestait traditionnellement sous n'importe quelle forme nécessaire pour répondre aux besoins des êtres. Selon les mots de Genpo Roshi, Kanzéon représente la compassion, l'amour et la miséricorde à l'intérieur de chacun de nous.

KARMA (skt.) : le principe de causalité, qui implique que, pour chaque effet, il y a une cause et qui, dans la sphère humaine, maintient que par nos actions nous déterminons la qualité de notre vie et nous influençons la vie des autres.

KEIZAN JOKIN ZENJI (1268-1325) : un maître zen japonais qui devint moine sous Koun Ejo, le disciple de Dogen Zenji. Il fonda un nombre de monastères dans tout le Japon, y compris Sojiji, l'un des deux principaux monastères du zen Soto au Japon aujourd'hui. Il était le quatrième Patriarche du zen Soto japonais et le plus important après Dogen Zenji.

KENSHO (jap.) : littéralement : « voir à l'intérieur de sa propre nature » ; une expérience d'illumination. Connu aussi comme *satori*.

KINHIN (jap.) : le zazen en marchant, qui se fait habituellement pendant cinq ou dix minutes entre les périodes de zazen en assise.

KOAN (jap. ; chin. *kung-an*) : littéralement : « document public » ; dans la tradition du zen, une déclaration, une question, une anecdote, ou un dialogue qui ne peut pas être compris ou résolu intellectuellement. La méditation sur un koan mène la personne à transcender l'intellect et à faire l'expérience de la nature non-duelle de la réalité. Le maître zen donne des koans à ses disciples pour les amener à la réalisation et pour les aider à clarifier leur compréhension. Environ mille sept cents koans ont été recueillis de sources chinoises et japonaises. Beaucoup d'entre eux relatent un échange entre un maître et son disciple ou l'expérience d'illumination d'un maître et sont connus comme des « koans de cas ». On peut les trouver dans différents recueils, plus particulièrement *La passe sans porte* (Mumonkan), *Recueil de la falaise verte* (Hekigan roku), *Le livre de l'équanimité* (Shoyo roku), et *Recueil de la transmission de la lampe* (Denko roku). *Voir* ÉTUDE DES KOANS.

KODO SAWAKI ROSHI (1880-1965) : un célèbre moine zen Soto qui évita toute forme de pratique institutionnelle et qui n'a jamais eu son propre temple. Il voyageait partout au Japon enseignant le zazen.

KORYU OSAKA ROSHI (m. 1985) : un maître zen Rinzai japonais qui donna l'*inka* à Maezumi Roshi, le maître de Genpo Roshi, en 1972.

MANJUSHRI (skt. ; jap. Monju) : le bodhisattva de la sagesse, souvent représenté sur le dos d'un lion, avec dans la main l'épée de la sagesse qui transperce toute ignorance. Particulièrement apprécié dans l'école zen, le bodhisattva Manjushri est la figure principale représentée sur l'autel du zendo.

MU (jap., ou *muji*) : le caractère *mu* est une particule négative utilisée dans le zen pour indiquer directement la réalité et qui n'a pas de contenu discursif. L'utilisation du mot dans ce sens trouve son origine chez Joshu Jushin (chin. Chao-chou Ts'ungshen, 778-897) qui, lorsqu'un moine lui demanda, « Est-ce qu'un chien a la nature de bouddha ?, » répondit directement, « *Mu* ! » Cet incident est utilisé comme koan d'ouverture de *La passe sans porte* et il est souvent le premier koan que les disciples zen rencontrent dans leur étude des koans. Le terme *mu* est souvent utilisé comme synonyme de vacuité (q.v.).

MUMON EKAI (1183-1260) : un disciple du maître Getsurin Shikan ; après avoir travaillé pendant six ans sur le koan *Mu* de Joshu, Mumon a eu l'expérience du *dai kensho* en entendant le son d'un tambour. Il a rassemblé 48 koans dans le recueil le plus connu en Occident, *La passe sans porte (Mumonkan)*, qui commence par le koan *Mu* de Joshu. *Voir* DAI KENSHO ; KOAN ; MU ; MUMONKAN.

MUMONKAN (jap.) : *la passe sans porte*, un recueil de koans d'une importance majeure, composé de quarante-huit cas. *Voir* KOAN ; MUMON EKAI.

NASRUDIN, MULLAH : un personnage légendaire, sage, et fou, qui trouve son origine dans des légendes qui circulaient au Moyen-Orient dès le douzième siècle. Les dictons et les actions de Mullah Nasrudin se caractérisent par leur humour ironique et terre à terre.

NATURE DE BOUDDHA : la nature intrinsèque de tous les êtres ; la vraie nature, le vrai moi.

NIRVANA (skt. ; jap. *nehan*) : un état non-dualiste au-delà de la vie et de la mort. Le sens originel du terme était « éteindre ou consumer à cause du manque de combustible », ce qui implique l'épuisement total de toute ignorance et de tout désir. L'extinction ou la consomption transmet ici le sens d'un espace complètement libre, qui n'est plus envahi par les nuages et la fumée. Le *nirvana* renvoie parfois spécifiquement à l'état d'illumination profonde que le Bouddha Shakyamuni avait atteint.

NOBLES VÉRITÉS, QUATRE : *voir* DUHKHA ; SENTIER OCTUPLE.

PARAMITAS (skt.) : littéralement : « qui a atteint l'autre rive » ; ce terme renvoie aux six perfections qu'un bodhisattva doit accomplir, et qui culminent avec le *prajna paramita* (« perfection de sagesse »), qui explicite et englobe les cinq autres. Les *paramitas* sont une expression naturelle de l'esprit illuminé, de l'esprit de méditation. Les six paramitas sont le don *(dana)*, les préceptes ou l'éthique *(sila)*, la patience *(kshanti)*, l'effort ou la vigueur *(virya)*, la méditation *(dhyana)* et la sagesse *(prajna)*. Quatre autres vertus s'y ajoutent parfois : l'habileté des moyens *(upaya)*, la détermination *(pranidhana)*, la force *(bala)* et la connaissance *(jnana)*.

PATRIARCHE : strictement parlant, on donne ce titre aux premiers trente-quatre successeurs dans le Dharma à partir du Bouddha Shakyamuni jusqu'au sixième Patriarche Hui-neng (jap. Eno, 638-713). Plus généralement, il s'agit d'un terme honorifique utilisé pour décrire un maître zen d'un niveau exceptionnel.

PRAJNA (skt. ; jap. *hannya*) : sagesse illuminée ; connaissance qui transcende la dualité du sujet et de l'objet.

PRÉCEPTES (skt. *sila* ; jap. *kai*) : enseignements bouddhiques concernant la conduite personnelle, qui peuvent être appréciés à un niveau assez littéral comme des lignes de conduite éthiques, et dans un sens plus large comme des aspects ou des qualités de la réalité elle-même. Au moment du Jukai, le pratiquant zen reçoit et promet de maintenir les préceptes suivants. Les Trois Joyaux : être un avec le Bouddha ; être un avec le Dharma ; être un avec la Sangha. Les Trois Préceptes Purs : arrêter de faire le mal ; faire le bien ; libérer tous les êtres vivants. Les Dix Préceptes Graves : ne pas tuer ; ne pas voler ; ne pas être avide ; ne pas mentir ; ne pas être ignorant ; ne pas dire du mal des autres ; ne pas s'élever en critiquant les autres ; ne pas être avare ; ne pas se mettre en colère ; ne pas dire de mal des Trois Joyaux. *Voir* JUKAI.

QUATRE VŒUX : « Innombrables sont les êtres vivants ; je fais le vœu de les sauver tous. Inépuisables sont les illusions ; je fais le vœu d'y mettre fin. Sans limites est la réalité ; je fais le vœu de la voir. Insurpassable est la Voie du Bouddha ; je fais le vœu de l'incarner. » Les disciples zen chantent ces vœux quotidiennement comme une expression de leur aspiration.

RÉSEAU D'INDRA : cette image du Avatamsaka-Sutra représente un réseau cosmique avec un joyau à chaque intersection. Chaque joyau reflète tous les autres. Comme chaque joyau contient tous les autres, ainsi chaque moment de conscience contient l'unité, la diversité, et l'interconnexion de tous. *Voir* AVATAMSAKASUTRA.

RINZAI GIGEN (chin. Lin-tsi I-hsuan, m. 866) : Rinzai était un des grands maîtres de la dynastie T'ang en Chine et le fondateur de l'école de zen Rinzai, connue pour avoir mis l'accent sur l'illumination et pour son utilisation vigoureuse des koans dans la pratique du zazen. Rinzai était un des successeurs dans le Dharma d'Obaku Kiun (chin. Huang-po Hsi-yun).

ROSHI (jap.) : littéralement : « vieux maître »; terme honorifique utilisé pour se référer à un maître zen.

RYUTAN SOSHIN (chin. Lung-t'an) : un grand maître zen du neuvième siècle.

SAMADHI (skt.; jap. *zammai*) : un état de l'esprit qui se caractérise par l'attention unifiée; un état de conscience non-dualiste.

SAMSARA (skt.) : littéralement : « courant du devenir »; l'expérience de la souffrance qui découle de l'ignorance, comme il est expliqué dans la deuxième Noble Vérité du Bouddha. Le Samsara se reflète dans la condition habituelle de notre vie quotidienne, dans laquelle l'intérêt principal est de perpétuer un moi séparé (l'ego). *Voir* DUHKHA.

SAMU (jap.) : le zazen en travaillant, souvent un travail physique qui se pratique à l'intérieur ou à l'extérieur.

SANGHA (skt.) : À l'origine renvoyant à la communauté des moines et des nonnes bouddhistes, le terme *sangha* a commencé plus tard à inclure également les personnes laïques. Dans le zen, ce terme a également la connotation d'une relation harmonieuse entre tous les êtres, entre tous les phénomènes et entre tous les événements; autrement dit, l'inséparabilité et le travail harmonieux du Bouddhadharma.

SENSEI (jap.) : titre qui veut dire « maître ».

SENTIER OCTUPLE : la quatrième Noble Vérité, dans laquelle le Bouddha Shakyamuni indique la Voie pour mettre une fin à la souffrance. Le Sentier octuple se compose de : la vue juste, l'intention juste, la parole juste, l'action juste, les moyens d'existence justes, l'effort juste, l'attention juste et le *samadhi* juste.

SENZAKI (m. 1958) : un des pionniers des maîtres zen en Occident, Nyogen Senzaki a vécu à Los Angeles de 1905 jusqu'à sa mort.

SEPPO (822-908) : maître zen, successeur de Tokusan et frère dans le Dharma de Ganto (q.v.).

SESSHIN (jap.) : littéralement : « recueillir ou régler l'esprit »; une retraite de méditation zen qui selon la convention dure sept jours.

SHAKYAMUNI (skt.) : littéralement : « le sage du clan Shakya »; ce titre est utilisé pour désigner Siddharta Gautama, le Bouddha historique, après son illumination.

SHIKANTAZA (jap.) : littéralement : « simplement être assis »; renvoie à la pratique du zazen la plus pure, sans les techniques auxiliaires telles que compter les respirations ou l'étude des koans. Caractérisé par un état de conscience non-discursif intense, *shikantaza* est « pratiquer le zazen dans le seul but de pratiquer le zazen ».

SHOBO (jap.) : un terme qui veut dire « le vrai Dharma ».

SHOBOGENZO (jap.) : « trésor de l'Œil du vrai Dharma »; chef-d'œuvre de Dogen Zenji, fondateur de l'école zen Soto japonaise, le *Shobogenzo* comprend quelque quatre-vingt-quinze articles qui traitent d'une grande variété de thèmes bouddhiques et est généralement considéré comme une des œuvres les plus subtiles et les plus profondes de la littérature bouddhique.

SHUNYATA (skt.) : *voir* VACUITÉ.

SIXIÈME PATRIARCHE (Chin. Hui-neng; jap. Eno, 638-713) : Hui-neng, de qui on dit traditionnellement qu'il était analphabète, atteignit l'état d'illumination, alors qu'il était encore laïque, en entendant une récitation du *Sutra du Diamant*. Il devint le successeur dans le Dharma du cinquième Patriarche, Hung-jen, et toutes les lignées du zen qui existent remontent à lui. Son enseignement, tel qu'il est décrit dans le *Sutra de l'Estrade*, accentue la « soudaine illumination » (qui s'oppose à l'« illumination graduelle » de l'école de chan, ou zen, du Nord) et l'identité de la méditation *(dhyana)* et de la sagesse *(prajna)*. Il était en grande partie responsable de l'essor général du zen sous la dynastie T'ang.

SOYEN SHAKU ROSHI (1859-1919) : le premier maître zen qui a pris un rôle actif dans l'importation de l'enseignement zen aux États-Unis. Il était le maître de Nyogen Senzaki et de D. T. Suzuki et il a eu une forte influence sur beaucoup de gens en Amérique qui étaient engagés dans la diffusion du zen en Occident au début du siècle.

SUTRA (skt.) : littéralement : « un fil sur lequel des joyaux sont enfilés » ; une écriture bouddhique. Les sutras sont les dialogues et les sermons attribués au Bouddha Shakyamuni et à certaines autres figures bouddhiques.

SUTRA DU DIAMANT (skt. *Vajracchedika-Sutra* ; jap. *Kongo kyo*) : un texte très important pour l'école zen, qui expose les doctrines du *shunyata* et de la *prajna* (q.v.). Le sixième Patriarche avait atteint l'état d'illumination après avoir entendu une phrase de ce sutra.

SUZUKI, D. T. (1870-1966) : Daisetz Teitaro Suzuki fut pendant longtemps un des interprètes les plus connus et les plus lus du zen en Occident. Il avait entrepris une formation zen pour laïques et il avait aussi une profonde sympathie pour la foi du bouddhisme Shin. Il s'est spécialisé dans l'interprétation intellectuelle des enseignements zen et des sutras du Mahayana.

TAO (chin.) : littéralement : la « Voie » ou le « Chemin », Tao est un terme utilisé pour indiquer la nature de bouddha ou la Voie vers ou de l'illumination. Puisque le zen est un croisement entre le bouddhisme indien et le taoïsme chinois, ce terme est historiquement révélateur.

TEISHO (jap.) : un commentaire officiel donné par un maître zen à propos d'un koan ou d'un autre texte zen. Dans le sens le plus strict, un *teisho* est non-dualiste, ce qui le distingue d'une conférence discursive ordinaire sur un thème bouddhique quelconque. Dans ce livre, le terme *exposé sur le Dharma* est employé comme synonyme de *teisho*.

TOKUSAN (jap. ; chin. Te-shan Hsuan-chien ; 781 ?-867) : un maître qui a été très influent et qui a donné la transmission du Dharma à neuf maîtres zen majeurs. Après avoir vécu pendant longtemps retiré du monde, Tokusan est devenu célèbre pour la sévérité compatissante de son enseignement. « Trente coups de bâton si vous parlez, trente coups de bâton si vous ne parlez pas ! »

VACUITÉ (skt. *shunyata*) : la nature fondamentale de tous les phénomènes.

VIMALAKIRTI (skt.) : le personnage central dans le *Vimalakirtinirdesa-sutra*, un texte important du Mahayana. En tant que personne laïque, Vimalakirti atteignit un niveau spirituel qui dépassa tous les autres, y compris ceux de tous les grands bodhisattvas. Il incarne l'acceptation dans le Mahayana du fait que ce qui est le plus important dans la pratique n'est pas l'exclusivité de ceux qui ont reçu l'ordination, et son silence met en question la valeur de l'éloquence verbale pour exprimer le *satori*. Vimalakirti s'identifie totalement à la maladie et à la souffrance des êtres, en prenant leur maladie sur lui. Il enseigne à Manjushri, le bodhisattva de la sagesse, que le bodhisattva aime tous les êtres comme si chacun d'eux était son enfant unique : il est malade quand ils sont malades et guéris quand ils sont guéris.

WU, EMPEREUR : lorsque Bodhidharma arriva en Chine, il fut invité à la cour de l'empereur bouddhiste Wu. Comme il le regretta plus tard, l'empereur ne réalisa pas qui était Bodhidharma et ne fut pas capable de saisir la signification de son enseignement (*Recueil de la falaise verte*, Cas I). Plus tard, après le départ de Bodhidharma, la fille de l'empereur Wu fut envoyée par son père pour étudier avec lui, et elle devint l'un de ses quatre principaux disciples.

YIN/YANG (chin.) : les deux énergies polaires dans la philosophie taoïste. L'interaction du yin et du yang est la source de l'univers. Le *yin* renvoie à l'aspect féminin, passif, réceptif, obscur et doux, alors que le *yang* renvoie à l'aspect masculin, actif, créatif, clair et dur.

ZAZEN (jap.) : *Za* veut dire « assis » et *zen* égale *samadhi*. Le terme *zazen* signifie être assis (za) dans un état d'attention unifiée. Cependant, ni l'assise ni la concentration ne peuvent embrasser le zazen dans sa totalité, dont Hakuin Zenji dit : « Aucune louange ne peut épuiser ses mérites », et dont Dogen Zenji dit « La Voie des bouddhas et des Patriarches n'est rien d'autre que le zazen. Ne poursuivez rien d'autre. »

ZEN (jap.) : l'école du bouddhisme qui met l'accent principal sur le zazen ou la méditation assise. Le mot *zen* est la transposition en japonais du chinois *chan*, qui vient du sanskrit *dhyana*, voulant dire « méditation » ou « concentration ». Ici *zen* indique la méditation dans sa totalité plutôt que simplement « concentration » ou *samadhi*.

ZENDO (jap.) : un lieu réservé à la pratique du zazen.

ZENJI (jap.) : littéralement : « maître zen » ; le terme honorifique utilisé pour se référer à un maître d'un haut grade ou de haut niveau spirituel.

Remerciements

L'auteur désire exprimer sa gratitude aux éditions du White Pine Press et à Richard B. Clarke pour leur aimable autorisation de réimprimer une version modifiée de la traduction de Clarke du *Hsin hsin ming* (New York : White Pine Press, 1984).

Nous devons aussi remercier le Centre Zen de Los Angeles pour son autorisation d'utiliser les définitions des glossaires de *On Zen Practice II* (Los Angeles : Zen Center of Los Angeles, 1976) et *The Hazy Moon of Enlightenment* (Los Angeles : Zen Center of Los Angeles, 1977), tous les deux édités par Hakuyu Taizan Maezumi et Bernard Tetsugen Glassman.

Je suis profondément reconnaissant au personnel administratif du centre Zen Kanzéon et particulièrement à l'éditeur de ce livre, Stephen Muho Proskauer, pour les nombreux mois de travail assidu nécessaire à la transposition de mes enseignements sous une forme lisible. Sans leur énergie et leur effort, ce livre n'existerait pas.

Par-dessus tout, je remercie mon maître estimé, Taizan Maezumi Roshi, qui a transplanté le Dharma en Amérique du Nord avec un dévouement et une dévotion totale. Je lui suis éternellement redevable.

Table des matières

Cet ouvrage a été réalisé par la
SOCIÉTÉ NOUVELLE FIRMIN-DIDOT
Mesnil-sur-l'Estrée
pour le compte des Éditions Lattès
en mars 1997

Imprimé en France
Dépôt légal : mars 1997
N° d'édition : 97046 – N° d'impression : 37512